EU ♥ COMIDA

50 HISTÓRIAS DE BRASILEIROS QUE AMAM SABOREAR A VIDA

2ª EDIÇÃO

EU AMO COMIDA

Copyright@2016 by Editora MOL

Todos os direitos desta obra são reservados à Editora MOL.
É proibida a duplicação ou a reprodução deste volume, inteiro ou em partes.

Dados Internacionais de Catalogação na Publicação (CIP)
(Câmara Brasileira do Livro, SP, Brasil)

Eu amo comida : 50 histórias de brasileiros que amam saborear a vida / Roberta Faria, (organizadora). -- São Paulo : Editora MOL, 2016.

ISBN 978-85-66566-05-5

1. Culinária 2. Gastronomia 3. Histórias de vida I. Faria, Roberta.

16-07496   CDD-641.5

Índices para catálogo sistemático:
1. Culinária : Histórias de vida   641.5

COMPRE ON-LINE!
Essas e outras publicações da Editora MOL, que ajudam projetos sociais, estão à venda na internet. Acesse:
www.bancadobem.com.br

Rua Andrade Fernandes, 303, loft 3, São Paulo, SP, CEP 05449-050
Telefone (11) 3024-2444 | www.editoramol.com.br | www.fb.com/editoramol

PATROCÍNIO: REALIZAÇÃO: INSTITUIÇÕES BENEFICIADAS:

ENTRADA

Eu só vim pela comida

Comer é a melhor coisa do mundo. Ok, ok, há muitas coisas maravilhosas na vida: apaixonar-se, banho de mar, feriado na sexta-feira, filhotes fofinhos – a lista é infinita. Mas a comida... A comida é uma chance de felicidade que se renova a cada refeição. (E, se fazemos três ao dia, mais os lanchinhos, todos os dias, do nascimento ao último suspiro, faça as contas – é muita satisfação. Se souber aproveitar, é claro.)

"Mas é um prazer passageiro", alguém poderá dizer (provavelmente, uma pessoa de dieta). É verdade – mas, convenhamos, toda alegria é mesmo efêmera. E comer não é só uma maneira de se sentir bem. A comida é nossa conexão mais direta com a natureza – a nossa própria e a que nos cerca, nossos impulsos e nosso bioma. Produzir, cozinhar e alimentar-se são expressões genuínas da cultura, que revelam nossas origens e tradições, nosso lugar no tempo e no espaço, nossa capacidade inventiva e nossa evolução. Boa comida é, ainda, a mais simples e poderosa ferramenta para promover saúde, capaz de nos blindar contra doenças, estender nossos anos e nos fazer viver melhor aqui e agora.

E comida é encontro. A cozinha é o coração das casas, que pulsa entre panelas cheias e louças para lavar, geladeiras abertas e armários fuçados, cheiros e barulhos das refeições sendo preparadas. Ao redor da mesa, nos fazemos gente e entendemos como o mundo funciona. Entre almoços e jantares, forjamos os laços que nos unem à família e aos amigos. Dividir o lugar aproxima estranhos – e compartilhar o prato forma casais. Na alegria e na tristeza, na saúde e na doença, lá está a comida a nutrir, celebrar, remediar, consolar. E não há grande momento da vida ou festa que se prezem sem uma mesa cheia.

A comida nos une ainda como espécie. Entre tantas coisas que podem ser usadas para nos separar – a origem, o dinheiro, a crença, o gênero, a aparência, o time de futebol – o alimento (e os ritos ao seu redor) talvez seja o elemento mais universal a nos conciliar. Podemos ter preferências, ingredientes, receitas, utensílios diferentes – mas todos nós sentimos fome e desejo, todos nós comemos por necessidade e prazer, todos nós temos memórias afetivas ligadas ao sabor, todos nós amamos alguma comida.

Há muitas maneiras de expressar a conexão com esse elemento tão central da nossa existência. Pode ser simplesmente se sentando à mesa e comendo com gosto. E pode ser transformando a comida em um vetor para impulsionar o empreendedorismo, a criatividade, o ativismo e a busca por prazer e propósito. Este livro é uma pequena coleção dessas histórias. Não é sobre receitas, nem sobre alimentação. É um livro sobre como a comida inspira a vida. Esperamos que ele abra o seu apetite.

Roberta Faria (organizadora)
e toda a equipe de Eu ❤ **Comida**

EDITORA MOL

Roberta Faria e Rodrigo Pipponzi
DIRETORES EXECUTIVOS

Artur Louback
DIRETOR DE NEGÓCIOS

Claudia Inoue
DIRETORA DE CRIAÇÃO

Dilson Branco
DIRETOR EDITORIAL

EU ♥ COMIDA

- **COORDENAÇÃO GERAL**
ROBERTA FARIA, *que vive para comer*

- **EDIÇÃO DE TEXTO**
MARINA BESSA, *que planeja as viagens pensando na comida*

- **REPORTAGEM**
ALESSANDRA ALVES, *que está em um relacionamento sério com queijos*
CAROLINA MUNIZ, *que aprendeu a cozinhar com programas de TV*
GIOVANA FEIX, *que põe curry em tudo*
HELAINE MARTINS, *que acha feio recusar comida, então...*
PAULA DESGUALDO, *que adora bater papo na cozinha, mas não tem muita intimidade com as panelas*
RAFAELA CARVALHO, *que já viajou o mundo comendo de tudo, mas prefere a farofa de ovo da mãe*
ROBERTA BARBIERI, *que adora juntar a família para comer e conversar*
ROMY AIKAWA, *que todo santo dia põe as panelas no fogão*

- **REVISÃO**
ANA FAUSTINO, *que faz do almoço de domingo uma sessão de terapia familiar*
JÚLIO YAMAMOTO, *que é uma boca nervosa e come de tudo, e muito, sem medo de ser feliz*

- **DIREÇÃO DE ARTE**
CLAUDIA INOUE, *que passou a infância ao lado da avó (e do fogão), perguntando: – Posso mexer?*

- **DESIGN**
CAMILA MARQUES, *que ainda quer estudar confeitaria em Paris*
HELOIZA HEIKO, *que ama experimentar (e tentar fazer) todo tipo de comida*
LUIS KINOSHITA, *que, segundo seus filhos, é o melhor cozinheiro do mundo*
MARIANA LOURO, *que ama os momentos deliciosos com a família que só a comida proporciona*

- **PRODUÇÃO DE IMAGENS**
CAROL COSTA, *que viveria de chocolate*
DÉBORAH RODRIGUES, *que gosta de cozinhar, mas não de lavar a louça*

- **FOTOGRAFIA**
ALBERTO CÉSAR ARAÚJO, *que é de onde broca é sinônimo de comida – pág. 80*
ANDREA MARQUES/FOTONAUTA, *que é da terra da pizza com ketchup – pág. 21*
ANNA FISCHER, *que não sabe se gosta mais de cozinhar ou de comer – pág. 79*
BARBARA SCHMIDT, *que não vive sem as doçuras da vida – pág. 24*
BRUNO MAGALHÃES/NITRO, *que aprendeu o valor das histórias por trás de um simples pedaço de queijo – pág. 35*
CELSO MELLANI, *que acredita que comer com os olhos alimenta a alma – pág. 29*
DEBORA 70, *para quem chocolate é fonte de alegria – pág. 85*
DI LUCAS, *que ama todas as comidas, da veggie à coxinha – págs. 20, 57, 75*
DILSON FERREIRA, *que é apaixonado por café e bolo de banana – págs. 31, 45*
EDER SOUZA MELO, *que comeria até a câmera fotográfica – se ela não fosse tão cara – pág. 39*
EDUARDO MACÁRIOS, *que não cozinha, mas dá pitaco e lava a louça – págs. 14, 50, 60*
EDUARDO ROCHA, *que ainda vai abrir uma churrascaria – pág. 89*
FÁBIO CALDERARO, *que ama comer, mas é um desastre na cozinha – pág. 94*
FERNANDO GENARO, *que acha que a cozinha é o melhor lugar da casa – págs. 62, 73, 81*
GUSTAVO GOMES, *que belisca o dia inteiro – págs. 33, 53*
ILANA BAR, *que adora comer o que planta – págs. 17, 23, 66*
JANYEICSON CHRISTIAN, *que mora na terra do bolo de rolo – pág. 92*
JOÃO BOLAN, *que possui dois estômagos: um para doces e um para salgados – pág. 40*
JULIA RODRIGUES, *que troca qualquer refeição do mundo por uma panela de brigadeiro – págs. 36, 48, 55, 58*
LUIZA FLORENZANO, *que viveria só de comida mexicana – pág. 46*
MARCELO CAMACHO, *que come com as lentes – pág. 64*
MARCELO CURIA, *que adora comida de acampamento – pág. 30*
MARCOS LOPES, *que adora comidas de rua – pág. 43*
MARCUS STEINMEYER, *que não precisa ter fome para comer – pág. 13*
MISAEL GONÇALVES, *que, como mestre-cuca, incrementa até miojo – pág. 69*
PAULA KOSTIUK, *que adora ver programas culinários, mas não sabe cozinhar nada – pág. 41*
RAFAEL SALDANHA, *para quem nada supera o pão de queijo – pág. 86*
REVOAR FOTOGRAFIA/TOM E GEILA, *que não vivem sem brigadeiro de panela – pág. 61*
SÉRGIO FILHO, *que não resiste à combinação de papo, pão e café – pág. 71*
TIAGO LIMA, *que ama o acarajé de Neinha – págs. 19, 77, 83, 90*
VITOR ZORZAL, *que vive na terra da moqueca (sem azeite de dendê) – pág. 91*
ZAMITH FILHO, *que é da terra do pirarucu, do tambaqui e do tucunaré – pág. 51*

© 2015 ABRIL COMUNICAÇÕES S.A./FERNANDO MORAES – pág. 70
© EDITORA GLOBO S.A./GABRIEL RINALDI – pág. 27

- **TRATAMENTO DE IMAGEM**
FELIPE GRESSLER, *que pede pizza só pra comer fria no café da manhã*

- **ILUSTRAÇÃO**
ANA MATSUSAKI, *que sabe que é feio, mas continua brigando por comida*

- **PRODUÇÃO CULTURAL**
MARINA GONZALEZ, *que adora comer o que ela mesma faz*

- **GESTÃO FINANCEIRA**
ELAINE DUARTE, *que adora comer, mas não cozinha nada*

- **RELAÇÕES INSTITUCIONAIS**
JÉSSICA MARTINELI, *que ama comer e, mais ainda, cozinhar*

- **VENDAS E DISTRIBUIÇÃO**
LUCIANA KAWANO, *que ama a arte da comida tradicional japonesa*

- **ATENDIMENTO AO LEITOR**
DANIELLE BORSARI, *que sonha em abraçar uma coxinha gigante*
MARIANA TELES, *para quem comer é um dos maiores prazeres da vida*

- **COPA**
NILDA DIAS, *que põe pimenta em tudo*

- **APOIO ESTRATÉGICO**
ARTUR LOUBACK, *que foi salvo do miojo pela esposa mestre-cuca*
DILSON BRANCO, *que adora assar uma carninha*
RODRIGO PIPPONZI, *que até hoje é enjoado para comer*

- **AGRADECIMENTOS**
Todas as sobremesas do mundo para AAO (Associação de Agricultura Orgânica); Ailin Aleixo (Gastrolândia); Daniela Garcia (Organização Banco de Alimentos); Destemperados; Fazenda Agro Serra; Festa da Achiropita; Galeria Jaider Esbell de Arte Indígena Contemporânea; Mercearia Godinho; Monika Littig e Priscila Agostin (Ticket); restaurantes Armazém Emporium Mineiro, Bar São Cristóvão, Bistrô O Chá, Brasil a Gosto, Churrascaria Matias, Figo, L'entrecôte de Paris e Madalosso; Sesi Guará; site Na Toca; Supermercado Super K; Ultrapan; Viver Escola Waldorf de Bauru.

- **IMPRESSÃO** Leograf

MISTO
Papel produzido a partir de fontes responsáveis
FSC® C020971
www.fsc.org

A Editora MOL, consciente das questões ambientais e sociais, utiliza papéis com certificação FSC® (Forest Stewardship Council®) na impressão deste material. A certificação FSC® garante que uma matéria-prima florestal provenha de um manejo considerado social, ambiental e economicamente adequado e de outras fontes controladas. Impresso na Leograf - certificada na cadeia de custódia FSC.

TÁ NA MESA

Eu amo comida

Em suas mãos, um prato cheio para quem valoriza comer bem. Deste cardápio, você pode experimentar de tudo um pouco!

Como apreciar um bom prato, 08
50 razões para amar comida, 10
Eu ❤ *a agricultura orgânica*, 12
Eu ❤ *pães artesanais*, 14
Eu ❤ *cadernos de receitas*, 16
Eu ❤ *feijoada*, 18
Eu ❤ *tacacá*, 20
Eu ❤ *brincar de cozinhar*, 21
Eu ❤ *cozinhar para multidões*, 22
Eu ❤ *ser garçom*, 24
Eu ❤ *fazer da comida uma experiência*, 26
Eu ❤ *sustentar a agricultura familiar*, 28
Eu ❤ *conhecer restaurantes*, 30
Eu ❤ *a diversidade do Brasil*, 31
Eu ❤ *alimentação saudável*, 32
Eu ❤ *queijo da Canastra*, 34
Eu ❤ *fotografar comida*, 36
Eu ❤ *carne de jacaré*, 38
Eu ❤ *cozinhar para brasileiros*, 40
Eu ❤ *desenvolver novos alimentos*, 41
Eu ❤ *fazer marmitas*, 42
Eu ❤ *criar insetos para comer*, 44
Eu ❤ *derrubar mitos sobre dieta*, 46
Eu ❤ *ser açougueiro*, 48
Eu ❤ *ser chef de cozinha*, 50
Eu ❤ *plantas não convencionais*, 51
Eu ❤ *criar frangos orgânicos*, 52

Eu ❤ *ser estilista de comida*, 54
Eu ❤ *açaí*, 56
Eu ❤ *ingredientes brasileiros*, 58
Eu ❤ *doces de festa*, 60
Eu ❤ *doces caseiros*, 61
Eu ❤ *comer com consciência*, 62
Eu ❤ *culinária indígena*, 64
Eu ❤ *comida kosher*, 66
Eu ❤ *café*, 68
Eu ❤ *sabores do Brasil*, 70
Eu ❤ *sorvete*, 71
Eu ❤ *especiarias*, 72
Eu ❤ *cozinha vegetariana*, 74
Eu ❤ *descobrir novas frutas*, 76
Eu ❤ *ensinar culinária*, 78
Eu ❤ *comida de boteco*, 80
Eu ❤ *charcutaria*, 81
Eu ❤ *feira*, 82
Eu ❤ *cacau*, 84
Eu ❤ *pescar*, 86
Eu ❤ *churrasco*, 88
Eu ❤ *cozinhar para a família*, 90
Eu ❤ *cuidar da horta*, 91
Eu ❤ *a cozinha do sertão*, 92
Eu ❤ *alimentação viva*, 94
50 dicas para comer bem, 96
Quem você ajuda, 98

5 ESTRELAS

Como comer feito um gourmet

Não tem a ver com moda, nem com pagar caro. Ser "gourmet" é, antes de tudo, ser conhecedor de boa comida, degustar com apuro e saber aproveitar uma refeição com todos os sentidos. Quer tentar?

FAÇA UMA CENA
O lugar onde se come influencia a maneira como percebemos a comida. Então, ponha a mesa, use as taças guardadas, escolha a trilha sonora, arrume a comida bonita nas travessas. Apague a luz fluorescente, desligue a TV, deixe o celular de lado, sente-se. Esteja presente por inteiro. Não importa a ocasião ou a companhia, dê-se ao luxo de comer em um lugar agradável.

COZINHE MAIS
Come bem quem sabe como as coisas são feitas. Cozinhar ensina sobre o valor dos ingredientes, o funcionamento dos processos, as melhores combinações, o ponto certo das coisas, o sabor dos temperos...

CONHEÇA A ORIGEM
Apreciar a comida significa compreender seu contexto e a intenção de quem a preparou. Pergunte-se – ou a quem cozinhou: "Que ingrediente é esse? De onde veio? Como foi preparado? Qual é a origem da receita? Como é servida?". Prove, perceba as sensações causadas e, depois, reflita: há algo nessa equação que ficaria melhor se fosse feito de outro jeito?

CRIE REPERTÓRIO
É bom saber do que se gosta, mas, para apreciar mesmo a comida, é preciso ousar viver novas experiências. Peça pratos que nunca faria em casa, visite lugares fora do roteiro, compre ingredientes que você não sabe (ainda) usar. Você não vai gostar de tudo, mas vai aprender muito. Ler sobre comida, conhecer novas culturas em viagens, assistir a programas de culinária e cozinhar também ajudam a ampliar o paladar (e as ideias).

PROVE OUTRA VEZ
Uma receita tem mil variações – e um único ingrediente pode ser preparado de infinitas maneiras. Provar algo de diferentes formas é um jeito de acumular conhecimento para apreciar melhor na próxima vez.

PRESTE ATENÇÃO
As sensações são mais agudas nas primeiras garfadas, quando tudo é novo. Para aproveitar ao máximo, coma com todos os sentidos. Olhe a comida como se fosse um quadro. Respire fundo para captar os aromas e tente identificar o que sentiu – será que tem cominho aqui? Prove mastigando devagar. Perceba as texturas e temperaturas. Investigue cada sabor que passeia pela boca. Escute a comida – e o seu corpo.

EMOCIONE-SE
A melhor comida não é a do chef mais estrelado, e sim aquela que emociona mais. Uma refeição se torna inesquecível quando é envolvida por afeto – quando evoca memórias queridas ou cria novas. O sabor da nostalgia fica na boca para sempre.

VOU QUERER UM DE CADA

50 RAZÕES PARA ♥ COMIDA

— Nutre o — **CORPO**, alimenta a *alma* e inspira a **VIDA**

Comida é uma forma — de dizer — *"eu te amo"*

Na distância, ajuda a matar a **SAUDADE**

— Ver pessoas — *cozinhando* é inspirador

Cozinhar é um hobby **DELICIOSO**

Comida também pode ser bebida: *TEM VINHO,* cerveja, café...

Para quem experimenta, não há fronteiras: **DÁ PARA VISITAR TODOS** os países em uma *mesa de jantar*

A comida mantém vivas as tradições de família

— Comida gostosa — **PROVOCA SUSPIROS,** risadas, gemidos, — água na boca e um — mundo de sensações *maravilhosas*

As descobertas nunca terminam: sempre tem algo novo **PARA PROVAR**

Sentar-se à mesa com os filhos é uma **PODEROSA FERRAMENTA** de educação e convivência

É democrática: tem para todo gosto, todo estilo, todo bolso

Nunca tivemos tanto acesso à comida **DE TODOS OS TIPOS,** para todas as necessidades

— É uma maneira de — **CONHECER AS PESSOAS:** do que gostam e como cozinham dizem muito sobre *a personalidade*

Descobrir o melhor lugar *para comer algo* (mesmo que seja uma coxinha!) — é o melhor pretexto — **PARA PASSEAR PELA CIDADE**

— É A MAIS SABOROSA — forma de conhecimento: comida é a expressão da geografia, da terra, *DO CLIMA, DA HISTÓRIA*

Para o cozinheiro com espírito de cientista, a cozinha é um laboratório *de alquimias fascinantes*

Comida é cultura: — por meio dela — **DESVENDAMOS O MUNDO**

Aproxima as pessoas: ao redor da mesa, *ficamos mais unidos*

Temperos são *como cores:* as combinações são infinitas

Cultivar alimentos nos (re)conecta com a natureza

Para os apaixonados por comida, idas à feira, ao açougue ou ao mercado **SÃO PASSEIO, NÃO OBRIGAÇÃO**

Comida é conforto: acalenta na tristeza e alegra comemorações

— Comida tem — *cheiro, cor, textura, sabor:* um êxtase para os **SENTIDOS!**

Matar a vontade de comer uma coisa é uma **sensação incrível**

À mesa, temos as pausas mais · gostosas · DE CADA DIA

Cozinhar é uma fonte inesgotável de criatividade: um único ingrediente * vira mil pratos *

— A boa nutrição — é o caminho para conquistar todos os DESAFIOS DO CORPO

Amizade verdadeira: não importa o que aconteça, A COMIDA ESTÁ LÁ PRA TE APOIAR

Comida fica melhor quando é feita com amor — e compartilhada — COM QUEM GOSTAMOS

COLECIONAR RECEITAS — é uma forma de — guardar a história > da nossa vida <

Experimentar novos restaurantes É UM LAZER QUE nunca enjoa

É em torno da comida que acontecem as melhores festas

Grandes refeições tornam-se EXPERIÊNCIAS INESQUECÍVEIS

Pensar sobre O QUE COMEMOS — nos ensina a — respeitar a natureza

— A comida tem PODERES MÁGICOS para levantar os ânimos, mudar os humores e aquecer os corações

Queijo! BACON! PÃO! Chocolate!

LER RECEITAS, MENUS, crônicas e histórias é (quase) tão bom — quanto comer —

Uma única refeição DELICIOSA PODE salvar o dia

COMIDA É ENERGIA — para tudo na vida, — de respirar a correr uma maratona

· Comer é um · sentimento cheio de prazer

Trabalhar com comida é o mais acessível caminho PARA O EMPREENDEDORISMO

Alimentar-se bem mantém a saúde e pode curar doenças

Preparar boa comida É UMA FORMA DE cuidar de nós mesmos e de quem nos importa

Levados pelo sabor, somos transportados para outros lugares, ÉPOCAS E MOMENTOS

Saber cozinhar é como SABER LER E ESCREVER: um conhecimento básico que torna a vida melhor

Falar de comida ∞ é infinitamente ∞ mais interessante do que falar sobre o TEMPO OU O FUTEBOL

Concentrar-se nas tarefas de cozinhar e nos sabores ao comer é um ato meditativo: vive-se o presente, o que é muito relaxante

Um prato é um museu: ao cozinhar, nós resgatamos e preservamos a história

— Comer é — MARAVILHOSO!

MORUNGABA | SP

Pés na roça

Por cerca de dois anos, cultivar uma horta foi apenas um hobby para David, publicitário francês que vive no Brasil desde 2006. Nos fins de semana, ele investia tempo e dinheiro na fazenda da família em Morungaba, no interior de São Paulo, estimulado pelo caseiro Reginaldo, que o desafiava a dedicar mais recursos para o aprimoramento da produção de verduras. "Mas a horta virou uma paixão muito custosa. Não dava mais para manter a estrutura como estava. No fim de semana, a gente colhia cinco pés de alface e um maço de rabanete. Quando chegava na mesa, eu fazia a conta e achava que aquela era uma salada cara demais", afirma David. Para tentar diminuir o custo da estufa e dos insumos utilizados em sua pequena lavoura, ele passou a vender suas verduras nas redondezas. A aceitação foi ótima, e a produção cresceu tanto que, em 2012, David acabou se desligando do mercado publicitário. Fez cursos de agricultura, cercou-se de pessoas conhecedoras do assunto e aprendeu o vocabulário da roça, para ter credibilidade diante dos parceiros e compradores.

O que era uma pequena horta tornou-se então uma senhora plantação: a Santa Adelaide Orgânicos. "Um dos fundamentos dos orgânicos é manter a vida no campo. É trabalhar com biodiversidade. Hoje, chegamos a quase 150 tipos de plantas, cultivadas no decorrer do ano", afirma David. Da fazenda só saem alimentos da estação, selecionados entre os melhores da semana. "Como você pode colher pimentão no inverno, fazendo 5 graus na roça? Se você faz questão, vai ter de pagar 30 reais pelo quilo e comer com agrotóxicos."

Para reconhecer uma cadeia verdadeiramente orgânica, ensina David, é preciso saber de onde os produtos vêm, se a proposta é transparente e sustentável. E é isso que torna a Santa Adelaide referência em agricultura orgânica no Brasil: a fazenda está de portas abertas para qualquer um que queira conhecer de perto o que consome.

Hoje, toda a produção vai para a mesa do consumidor, por meio de mercados, feiras, restaurantes e também das cestas de orgânicos entregues diretamente aos clientes. Mas os planos de David vão além dos produtos *in natura*. Ele pretende, em breve, aumentar a produção e processar a colheita excedente, transformando os vegetais em picles, molhos, geleias... Tudo feito com a mesma paixão. "Adoro colher no fim da tarde, acender meu fogo a lenha e cozinhar. Me dá muito prazer."

DA ESTAÇÃO

Em um levantamento da Anvisa de 2016, um terço dos vegetais mais consumidos no Brasil mostrou conter níveis de agrotóxicos – produtos químicos utilizados na lavoura tradicional – acima do recomendado. Com o tempo, o consumo dessas substâncias pode causar de alergias a câncer. **NA LISTA NEGRA, OS MAIS ENVENENADOS SÃO PIMENTÃO, MORANGO, PEPINO, ALFACE E CENOURA.** *Se não for possível trocá-los pelas versões orgânicas, tente ao menos consumi-los só no auge da colheita (quando a contaminação tende a ser menor), capriche na limpeza e despreze as cascas e folhas externas, que têm mais resíduos.*

"UMA AGRICULTURA ORGÂNICA DEVE MANTER A VIDA NO CAMPO"

Eu ❤ cultivar orgânicos | David Ralitera, publicitário e agricultor

Nós ❤ pão artesanal | Claudine Botelho, engenheira de alimentos, e Oscar Luzardo, administrador de empresas

CURITIBA | PR

Mãos na massa!

Faltava tempo na vida de Claudine e de Oscar quando se conheceram. Ambos trabalhavam muito, viajavam muito e, para complicar, ela morava no Paraná e ele, em Santa Catarina. Foram cinco anos de idas e vindas até o casamento, em 2008. A partir daí, a vontade de estarem juntos e formarem uma família colocou o pão artesanal como o condutor das mudanças que eles buscavam. "Refletimos sobre o que gostávamos de fazer, nos planejamos, fizemos cursos e, no fim de 2012, abrimos nossa micropadaria, a La Panoteca Slow Bakery", conta Oscar.

A ideia surgiu de sua paixão por produzir os próprios pães. Um hobby que começou aos 17 anos e que, na época do namoro, contaminou Claudine. "Toda vez que a gente se encontrava, ele me trazia um pão diferente", lembra. "Depois de me dar conta de que, além de serem gostosos, os pães artesanais eram muito melhores para a saúde, acabei gostando de pôr a mão na massa também", revela Claudine. É que, diferentemente dos produzidos em padarias tradicionais ou na indústria, os pães de Oscar eram feitos sem a adição de açúcar, gordura nem leite – como os da loja. "Nosso objetivo é resgatar o sabor e a qualidade que o pão perdeu com a industrialização. Assim, em vez de farinha branca, usamos farinhas integrais de trigo, centeio, cevada e milho", explica Oscar. Eles usam, ainda, uma matriz de fermento natural, que demora de 24 a 48 horas para levar a massa ao ponto máximo de desenvolvimento, o que confere maior sabor e durabilidade ao pão – na indústria, o processo acaba em até 5 horas.

Quem nunca comeu um pão artesanal pode estranhar. Especialmente pelo sabor levemente azedo e pela casca mais espessa e crocante, características dos mais de 300 tipos de pão que já desfilaram no balcão da loja – a cada três meses, o cardápio muda. Mas Claudine tem o cuidado de introduzir os hesitantes nesse universo, sobretudo para que entendam o motivo de a loja ficar aberta somente das 16 às 20 horas. "Da manhã ao início da tarde, nos dedicamos a fazer novos pães e assar os do dia anterior. Temos de respeitar o tempo do fermento para que a massa não desande. Além disso, aqui tudo é pequeno, da produção à equipe." Esse, segundo Claudine, é o segredo dos bons resultados que o casal vem colhendo: qualidade dos produtos e de vida.

AO FERMENTO

Pão artesanal costuma levar fermento natural – ou levain, em francês. **É UM FERMENTO VIVO, QUE DEMORA MAIS DO QUE O BIOLÓGICO PARA AGIR,** *mas resulta em pães de sabores mais complexos. É como a diferença entre a cerveja pilsen filtrada do mercado e uma IPA feita em casa.*

"NÓS RESGATAMOS O SABOR E A QUALIDADE QUE O PÃO PERDEU COM A INDUSTRIALIZAÇÃO"

SÃO PAULO | SP

Registros de afeto

"Na minha infância, cozinha não era lugar de criança, mas eu ficava feliz só de ver minha mãe preparando as coisas gostosas que colocava na mesa. Também costumava ir à feira com ela e prestava atenção em como escolhia o que levar. Comia muitas frutas no pé, tiradas do pomar que meu pai cultivava no nosso sítio.

O gosto por cozinhar veio daí. E ele só cresceu depois que virei mãe e comecei a me preocupar com o que ia oferecer aos meus filhos. Eu queria proporcionar a eles uma experiência semelhante à que eu tive. Então, logo que ficaram maiores, passei a chamá-los para ir comigo à feira, para provar coisas novas, misturar os ingredientes de um bolo. Foi a partir desses momentos e das reflexões que eu costumo fazer quando estou cozinhando em silêncio que surgiu a ideia de criar uma página no Facebook para escrever sobre comidinhas do dia a dia e memórias afetivas, o Minha Mãe Fazia.

Nos textos, puxo muitas lembranças pelos sentidos. O suco de pitanga que me leva para as temporadas de férias na casa da minha avó, a carne de porco perfumada de alecrim que meu pai gosta de fazer nos sábados ensolarados no sítio, o cominho que secretamente descobri ser o toque inusitado da comida da minha tia Lybia... Aí comecei a receber mensagens do tipo: 'Li o que você escreveu e senti o cheiro da cozinha da fazenda', 'Me levou de volta à infância'. As pessoas estavam se reconectando a momentos importantes relacionados à sua memória gustativa.

Percebi quanto a comida tem a ver com a estrutura da sociedade, e quanto cadernos de receitas são o retrato de uma época – há quem tenha feito teses inteiras em cima deles! De tanto falar sobre isso, passei a receber receitas de muitas famílias para minha coleção e acabei sendo convidada pelo Museu da Imigração para organizar uma exposição sobre a relação entre comida e movimentos migratórios. Vi cadernos das mais diferentes épocas e origens. Alguns com desenhos incríveis, bordados, poesias, letras de música...

O Minha Mãe Fazia é o meu registro – o caderno que vai ficar para os meus filhos. Porque receitas fazem parte da herança. Outro dia, quis fazer o suflê de milho da minha mãe para os meninos, mas ela ficou com ciúme, não contou direito a receita. Fui embora chateada. No dia seguinte, ela apareceu em casa com uma folha de papel amarelada. 'Tirei do meu caderno pra te dar', ela disse. Era a receita, escrita com a letra dela. E vai ficar comigo pra sempre."

NÃO PERCA A HISTÓRIA

– **REGISTRE AS RECEITAS DA FAMÍLIA** e as suas, incluindo os segredos (sempre tem um!)

– **ALIMENTE TRADIÇÕES:** a lasanha do domingo, o bolo em camadas dos aniversários...

– Leve as crianças para **PASSEAR EM FEIRAS,** pomares, restaurantes

– **COMPARTILHE LEMBRANÇAS** ligadas a comidas: tire foto dos pratos, converse sobre receitas, ensine

"CADERNOS DE RECEITAS SÃO O RETRATO DE UMA ÉPOCA. HÁ TESES INTEIRAS FEITAS EM CIMA DELES"

Eu ♥ cadernos de receitas | Ana Holanda, jornalista

SÃO PAULO | SP

Dia de feijoada!

"No meu sábado, ela reina soberana. Faça chuva, faça sol, não tem desculpa: sábado é dia de feijoada. Aquela mistura perfeita de feijão-preto, paio, linguiça, costelinha, carne-seca, rabo e orelha de porco. Ainda tem o arroz soltinho, o torresmo crocante, a bisteca sequinha, a couve fininha, a banana à milanesa, a farofa sem muito tempero, a laranja fatiada e um molhinho de pimenta picante na medida. Ela é perfeita como prato de inverno. Se é verão, combina com uma bela tarde de sol. E não importa se vou ao boteco mais barato ou ao restaurante mais estrelado. Se vou sozinho, com minha mulher ou com um monte de amigos. Se estou em São Paulo ou em Minas Gerais. Sábado é dia de me sentar e esperar pela cumbuca que chega fumegando à mesa.

Estou sempre procurando lugares novos e desbravando os bairros de São Paulo em busca da feijoada perfeita. Há dez anos, registro minhas aventuras em um blog, o Feijucas. Gosto especialmente de descobrir aquelas que não estão nos guias, dos mais diferentes estilos: de bufê e cumbuca, econômicas e sofisticadas, com som ao vivo ou silêncio. Nessas andanças, já encontrei e comi de tudo: da feijuca modesta a preço de prato feito a feijoadas incrementadas que custam mais que *foie gras* em bistrô francês. Fui a lugares que, estranhamente, servem abacaxi empanado como acompanhamento, comi feijoada preparada por um chef de comida japonesa, me diverti com uma cumbuca no formato de penico, me surpreendi com um rodízio de feijoada (!) e já atravessei a cidade para ir ao chamado Rei da Feijoada – mais de 30 km, da Lapa ao Cangaíba, para chegar lá e... não ter laranja, pode isso?

E o curioso é que nunca pensei em preparar feijoada em casa. Porque feijoada, para mim, não é só o prato, é o ambiente que a cerca. É aquela tarde sem hora pra acabar, é o samba ou chorinho que a acompanha, são as mesas cheias de risadas, cervejas e caipirinhas. Para mim, não há nada mais paulistano, ou mesmo brasileiro. Quando viajo para fora do país, assim que volto, corro a um boteco para matar a saudade. Nada como uma boa feijoada pra eu me sentir em casa!"

VARIAÇÕES DO MESMO TEMA

Apesar de ser um símbolo brasileiro, a feijoada tem variações pelo país e primas próximas em outras culturas. Experimente:

CASSOULET: *a feijoada francesa leva feijão-branco, carne de porco e de pato*

CHOLENT: *a versão judaica é feita com carne bovina, feijões, cevada e legumes*

FABADA: *típica da Espanha, leva favas, carne de porco, linguiça e morcela*

FEIJOADA DE FRUTOS DO MAR: *típica de Santa Catarina, combina feijão-branco, camarão, marisco e polvo*

FRIJOLES RANCHEROS: *do México, leva feijão-preto com linguiça, carne bovina e muitas pimentas*

TRANSMONTANA: *Portugal usa feijão-branco ou vermelho no lugar do preto e carnes variadas*

"SÁBADO É DIA DE ME SENTAR E ESPERAR PELA CUMBUCA QUE CHEGA FUMEGANDO À MESA"

Eu ♥ feijoada | Peco Porto, publicitário

BELÉM | PA

Eu ❤ tacacá | Benedita de Sousa, cozinheira

Laços de família

"Aprende, que um dia isso ainda pode te servir", disse uma tia a Benedita, ao ensiná-la a fazer tacacá, há mais de 40 anos. Hoje, aos 80 anos, Benedita vende o caldo quente e saboroso em uma movimentada esquina de Belém. Assim como sua filha. Assim como sua neta. O Tacacá da Vileta fica na travessa de mesmo nome, na esquina com a Avenida Duque de Caxias. O ponto de venda já se tornou a segunda casa da família, que distribui cuias cheias de sabor todos os dias há três gerações.

O dia de trabalho começa cedo. Jacirema, filha de Benedita, e Tatiany, a neta, sabem bem como lidar com os ingredientes do prato típico: de manhã bem cedo, já põem o camarão para dessalgar, separam as folhas de jambu, preparam a goma da mandioca e fervem o tucupi – carro-chefe da receita. Com esses quatro ingredientes prontos, mais um dia de sucesso no Tacacá da Vileta está garantido. São 300 cuias servidas, que começam a ser vendidas assim que o sol dá trégua e o calor úmido dá lugar à brisa de fim de tarde. É a hora perfeita para provar o sabor levemente ácido do tucupi, misturado ao salgado do camarão, além de mastigar as folhinhas de jambu que fazem a língua formigar e adormecer em segundos. Para as donas do ponto de venda, acompanhar a reação de quem prova o caldo pela primeira vez é tão animador quanto servir os clientes fiéis. E são muitos os turistas e *habitués*: depois de tantos anos na mesma esquina, o Tacacá da Vileta tornou-se parada obrigatória de quem quer provar um autêntico prato nortista em Belém. Foi lá, inclusive, que Jacirema conheceu o marido, que chegou a pedir a ela que diminuísse o ritmo de trabalho. Mas não adiantou: a paixão pelo ofício herdado da mãe falou mais alto.

Além do tacacá, Benedita, Jacirema e Tatiany preparam caruru, vatapá, maniçoba e bolo de macaxeira. Tudo para uma clientela que faz fila para sentir o sabor do Pará temperado com tradição familiar. A matriarca não sabia, mas, ao fazer tacacá, ensinou à família não só culinária, mas também união. "O tacacá está no nosso sangue", diz Jacirema, orgulhosa.

COMIDAS DE RUA DO BRASIL

Além do tacacá, mais clássicos de norte a sul para provar por aí:

ACARAJÉ, *bolinho frito no dendê, recheado com vatapá, caruru e camarão*

CHURRO, *massa frita, servida com doce de leite*

DOGÃO, *cachorro-quente com tudo dentro, até purê*

TAPIOCA, *panqueca de amido de mandioca que pode levar mil recheios*

RIO DE JANEIRO | RJ

Eu ♥ brincar de ser chef | Vicente Monteiro, estudante

Aprendiz de cozinheiro

"Eu ainda era bem pequeno quando comecei a gostar de cozinha. Tinha só uns 4 anos. Um dia abri a geladeira, peguei um tomate, um maço de coentro e disse 'mãe, vou fazer uma salada'. Piquei as folhinhas, cortei o tomate, pus no prato, temperei e comi. Tudinho! Quando viu o prato limpo, minha mãe morreu de rir e me explicou que, na verdade, coentro não era salada, era tempero. E tempero bem forte. Mas eu amei! Acho que desde que me lembro eu sou assim: adoro ficar no meio das panelas da minha mãe. Gosto de fuçar e misturar as coisas. Eu não sabia nem escrever e já subia em um banquinho que tinha lá na cozinha pra alcançar a bancada.

A minha mãe é chef de cozinha, especialista em pratos saudáveis. E minha brincadeira favorita até hoje é ser o assistente dela. Depois de um tempo, eu já estava fazendo meus próprios experimentos: picolé de banana com iogurte e granola, águas aromatizadas com sabores diferentes, hambúrguer de quinoa e, minha grande paixão, vitaminas! Eu amo vitamina! Inventei uma que se chama 'tutti frutti'. É superfácil de fazer: você pega um copo de leite de arroz, uma maçã, alguns pedacinhos de mamão e umas rodelas de banana congelada. Aí é só bater tudo no liquidificador! Mas nem sempre as minhas receitas dão certo. Outro dia, fui fazer um bolo e pus farinha demais. Ficou tão duro que ele não quebrou nem quando caiu no chão. Não teve lanche, mas a gente riu muito do desastre! Pra mim, cozinhar é uma grande diversão. Quando eu crescer, também quero ser chef. Não conta nada pra minha mãe, mas eu acho que eu vou ser melhor do que ela!"

DIVERSÃO SEGURA

Seja qual for a idade da criança, para usar a cozinha é fundamental a supervisão e a ajuda de um adulto. Cuidado com fogo, facas, eletrodomésticos e com os cabos das panelas no fogão. Mas não seja superprotetor para não desanimá-la! **DÊ TAREFAS POSSÍVEIS DE EXECUTAR COM AUTONOMIA.** *"Criança pode e deve participar do ritual de preparar a comida. Isso faz com que elas tenham vontade de experimentar novos sabores", recomenda Anna Elisa, mãe do Vicente.*

SÃO PAULO | **SP**

Tempero para multidões

Durante todos os fins de semana do mês de agosto, o bairro do Bixiga, no centro de São Paulo, torna-se a parte mais vibrante da capital paulista. Já é tradição: a Festa de Nossa Senhora da Achiropita é sinônimo de gente por todos os lados, música alta e, mais importante, barraquinhas de comida italiana. Para dar conta das 12 toneladas de macarrão, 800 caixas de berinjela e dos quase 40 mil litros de molho de tomate que alimentam a festa, são necessários mais de mil voluntários. Há 30 anos, Rosa é um deles. "Nós fazemos a nossa própria festa antes de a festa começar", diz a dona de casa, que, acompanhada de pelo menos 15 pessoas, passa tardes inteiras picando cebola e descascando dentes de alho. Os temperos são fundamentais para todos os pratos da festa, desde a abobrinha frita e a berinjela temperada até o molho de tomate que cobre o macarrão.

Rosa sempre gostou de acompanhar a movimentação da janela de casa. Até que um dia foi convidada por uma amiga para ajudar – e nunca mais foi embora. Envolvendo-se nas atividades da paróquia que dá nome à festa, fez novos amigos e encontrou uma forma de participar de uma atividade beneficente, já que o lucro obtido com a venda dos pratos é direcionado a obras sociais.

Durante os fins de semana, a voluntária sai da cozinha e ocupa uma das dezenas de barraquinhas que tomam conta da rua. A organização precisa ser impecável: na tenda de Rosa, uma pessoa é responsável por colocar a massa no prato; outra, por despejar o molho de tomate; e uma última entrega a comida para quem a pediu. "Fazemos isso a noite inteira. Parece uma coreografia ensaiada."

Morando na mesma vizinhança há quase 60 anos, é fácil reconhecer rostos amigos e servir os conhecidos que passam pelo Bixiga para festejar. "É tanta gente, em um clima de comemoração tão gostoso, que eu nem fico cansada, mesmo estando seis horas em pé", relata. Rosa acredita que ajudar nos preparativos da festa também é parte da comemoração – cada pedacinho de tempero cortado por suas mãos traz uma sensação de pertencimento que ela jamais pensou que encontraria nessa fase da vida. "Graças ao meu trabalho na Achiropita, posso dizer que estou melhorando a minha comunidade e, assim, ajudando a construir um mundo melhor."

ACABOU CHORARE!

Com a experiência de algumas toneladas nas costas, Rosa dá as dicas para descascar temperos sem sofrimento:

CEBOLA SEM CHORO!

Descasque-a e deixe-a mergulhada na água fria por uma hora antes de cortar. A água "lava" o ardor. "Não cai uma lágrima!", garante.

ALHO SEM DRAMA!

Para descascá-lo sem demora, mergulhe os dentes de alho separados na água por apenas cinco minutos. Já é o suficiente para retirar fácil, fácil a casca em seguida.

"COMO VOLUNTÁRIA DA FESTA DA ACHIROPITA, EU AJUDO A CONSTRUIR UM MUNDO MELHOR"

Eu ♥ ajudar a minha comunidade | Rosa Cammarosano, dona de casa

Eu ♥ rodízio de carnes | Pedro Paulo Reinhemer, garçom

SAPIRANGA | RS

Espeto concorrido

Desde a infância, a vida de Pedro Paulo é pautada por churrasco: aos 8 anos, acompanhava o pai até o trabalho, na Churrascaria Matias, no interior do Rio Grande do Sul. Lá, o menino gastava as horas ajudando na copa, na faxina, carregando lenha para o forno e – o melhor de tudo – ouvindo histórias. Hoje, ele é o porta-voz daquela que mais marcou seus dias como funcionário do lugar que o emprega a vida toda: foi ali que nasceu o brasileiríssimo rodízio de carnes – ou, na época, o tal do "espeto corrido".

"Foi algo que surgiu por acidente", conta Pedro Paulo, voltando à década de 60. Em um casamento gaúcho, em que a tradição era oferecer churrasco durante o jantar, a carne, que era servida em travessas na mesa, acabou antes da hora. Edwino Mates, o Matias, era o responsável pela comida da festa. A solução dada por ele foi improvisar: depois de assar mais cortes, seria preciso mantê-los no espeto e fatiar o pedaço só na hora de servir em cada prato, garantindo agilidade no serviço e a certeza de que todos poderiam continuar comendo, mas sem haver desperdício. "Deu tão certo que, depois, foi impossível não se perguntar como ninguém havia pensado nisso antes."

O fator decisivo foi o poder de escolha dado ao cliente: era possível optar por um corte bem ou malpassado e desfrutar a comida quando ela ainda estava quente, e não esfriando nas bandejas. Graças ao jogo de cintura de Matias, seu negócio foi pioneiro no espeto corrido, e implantou o modelo de rodízio de carnes que ganhou o Brasil e o mundo.

Aos 12 anos, quando se tornou garçom na mesma churrascaria, uma parte indispensável do trabalho de Pedro Paulo já era equilibrar a carne no espeto e valsear por entre as mesas da Churrascaria Matias, fazendo a festa dos carnívoros que passavam por ali. Hoje, mais de 40 anos depois, esse trabalho ainda lhe traz o mesmo prazer. Carne, para ele, é sinônimo de confraternização. "Eu servi clientes na churrascaria quando eles comemoraram 40 anos. Hoje, estão fazendo 70 e continuam nos visitando para conversar e compartilhar a felicidade de uma refeição bem servida."

ORGULHO NACIONAL

A fartura, a variedade e a sensação de custo-benefício que só um rodízio oferece transformaram essa forma de servir em paixão nacional – e mote para muitas inovações genuinamente brasileiras. Quer ver só?

*– Pergunte a um italiano: **RODÍZIO DE PIZZA** só existe aqui. Foi inventado em um restaurante do Grupo Sérgio, em São Paulo, em 1976*

*– Também na São Paulo da década de 70, espalhou-se a moda do **RODÍZIO JAPONÊS**, que junta diversos preparos frios e quentes à mesa*

*– Outro orgulho gaúcho, as **GALETERIAS** servem galeto na brasa e massas em rodízio. Surgiu em Caxias do Sul, em 1957*

*– E daí o brasileiro criou os **RODÍZIOS DE ESPECIALIDADES**, como massas, costela, sopa, camarão, pastel, fondue, espetinho, hambúrguer...*

"DEU TÃO CERTO QUE NOS PERGUNTAMOS: 'COMO NINGUÉM PENSOU NISSO ANTES?'"

SÃO PAULO | SP

Comida, diversão e arte

EXPERIÊNCIAS INESQUECÍVEIS

Uma lista de ideias para aguçar todos os sentidos e ampliar seus horizontes gastronômicos

– Faça um **PIQUENIQUE À FRANCESA**: no parque, em uma tarde de sol, com vinhos, queijos, pães e boa companhia

– Coma de **OLHOS VENDADOS** – eliminar um sentido confunde e deixa os outros mais afiados

– Prepare um **JANTAR INSPIRADO EM UM FILME**: use o contexto da trama, os pratos que aparecem, as cores, o clima, o visual e a época para criar o menu e a decoração

– Use **DATAS ESPECIAIS DE OUTRAS CULTURAS** para preparar uma festa cheia de sabores típicos: o Ano-Novo chinês, a Queda da Bastilha francesa, o Dia dos Mortos mexicano...

A escolha dos ingredientes, o modo de preparo, a aparência do prato, o sabor da comida, a decoração do ambiente, a companhia à mesa. Na gastronomia, cada detalhe ajuda a construir uma vivência inesquecível. É nisso que Priscila acredita.

Depois de passar por diferentes setores da alimentação, ela resolveu investir na ideia de comida como entretenimento. Em 2013, criou o Foodpass, um site que vende experiências gastronômicas, por enquanto em São Paulo e no Rio de Janeiro. "Por meio do alimento, oferecemos momentos de diversão e de celebração da vida", afirma.

A plataforma funciona como uma bilheteria virtual para eventos e acontecimentos de gastronomia. É só escolher a atração, clicar e comprar. Lá, é possível encontrar de tudo um pouco: um jantar de olhos vendados, uma expedição ao campo para conhecer pequenos produtores, um curso de como cozinhar massas ou uma refeição preparada por um chef famoso. O preço varia: há experiência pelo preço de uma entrada de cinema e as que custam centenas de reais.

No início, Priscila e sua sócia à época produziam os próprios eventos. O primeiro foi uma festa em comemoração ao Dia dos Mortos, com cozinha mexicana. "A gente criava, fazia as comidas e vendia as entradas para mostrar ao mercado como funcionava", conta. A estratégia deu certo. Hoje, mais de 80% do que a plataforma vende são eventos de parceiros, de chefs famosos a pequenos empreendedores da gastronomia. "A gente virou o Uber dos restaurantes", brinca.

Além de projetos pontuais, Priscila realiza um grande evento anual, o Foodpass Film Festival, realizado sempre em outubro. No escurinho do cinema, o cliente tem a oportunidade de saborear pratos inspirados na temática do filme a que ele está assistindo. "É uma tortura ver um filme sobre comida e não poder comer. Por isso, fazemos esse diálogo entre a gastronomia e a sétima arte", diz.

Para Priscila, o Foodpass é um convite para tirar as pessoas da rotina e fazê-las com que elas se relacionem à mesa. "A alimentação tem o poder de surpreender e de engajar afetivamente. Tenho um prazer imenso de conseguir oferecer essas experiências únicas."

"NÓS OFERECEMOS MOMENTOS DE DIVERSÃO E CELEBRAÇÃO DA VIDA"

Eu ❤ promover encontros | Priscila Sabará, nutricionista e empresária

BAURU | SP

De dentro para fora

"Foi depois que minhas filhas nasceram que percebi o peso dos meus hábitos. Obeso, durante 40 anos fiquei bem longe de qualquer tipo de verduras e legumes. Quando virei pai, no entanto, vi que precisava mudar. Eu sabia que tinha de dar o exemplo para elas, que não podia continuar comendo errado daquele jeito. Mas, na prática, era tão difícil...

Eu não imaginava que a semente dessa mudança seria plantada em uma reunião da escola das meninas. O assunto não me atraía nem um pouco: a apresentação do que, a meu ver, era um grupo de compra de verduras. Como a minha esposa não podia ir, eu fui. E que bom! Logo que entendi a proposta da CSA (sigla para Comunidade que Sustenta a Agricultura), fiquei encantado. Sim, o assunto era verdura. Mas não era só isso. O projeto incluía uma relação direta com o produtor – uma espécie de economia associativa, em que o grupo iria financiar um agricultor e receber, em troca, uma parte da colheita toda semana.

Como sou administrador de empresas, fiquei muito interessado nesse modelo. Em menos de um mês, o pessoal da escola já estava organizado. Juntas, as pessoas que compõem um grupo de CSA cobrem o orçamento anual de um produtor agrícola: o valor é dividido entre os participantes, que pagam uma taxa mensal, por estação ou por ano. Em troca, temos alimentos orgânicos fresquinhos toda semana. No meu grupo, que hoje tem cerca de 50 famílias, todos recebem dois tipos de hortaliça ou folha, três legumes ou frutos e duas raízes ou temperos.

O que vem na cesta depende da época. Podem ser coisas comuns, como alface, banana, abobrinha e cheiro-verde. Mas também aparecem novidades, como catalônia, azedinha, pimenta-cambuci... Esses ingredientes diferentes rendem muito assunto. A gente quer saber quem conhece, quem tem uma receita boa, faz pesquisas na internet. Eu, por exemplo, aprendi a preparar funcho, que é a raiz da erva-doce e fica ótima refogada com carne ou mesmo crua, na salada.

Mas, para mim, a maior mudança veio no dia em que visitamos a fazenda em que são produzidos os nossos alimentos. Quando entendi a dificuldade do trabalho de um pequeno agricultor, passei a valorizar imensamente as verduras que a gente recebe em casa. Queria que todo mundo pudesse ter uma experiência como essa. Minha participação cresceu tanto no grupo que hoje, como administrador autônomo, trabalho quase que exclusivamente para a CSA Brasil. Graças a essa comunidade, eu perdi 20 quilos de peso e ganhei, além de uma vida mais saudável, a possibilidade de trabalhar com algo em que acredito, de corpo e alma."

MAIS PERTO DA PRODUÇÃO

Conhecer quem cultiva sua comida dá mais sabor e qualidade a ela:

– Frequente regularmente a feira e **CONVERSE COM OS FEIRANTES** *para saber de onde veio a produção e como anda a lavoura*

– Leia embalagens e questione a quem vende qual a origem do alimento. Dê **PREFERÊNCIA A PRODUTORES LOCAIS** *ou próximos (se forem orgânicos, melhor ainda!)*

– Para **CRIAR UM GRUPO DE CSA** *ou encontrar um na sua região, como Wagner, visite www.csabrasil.org*

"QUANDO VI AS DIFICULDADES DE PRODUZIR, PASSEI A DAR MAIS VALOR AOS ALIMENTOS QUE COMEMOS"

Eu ❤ apoiar a agricultura familiar | Wagner dos Santos, administrador

PORTO ALEGRE | RS

casa destemperados

Eu ❤ falar de comida | Lela Zaniol, empresária

COMO CURTIR SEU JANTAR FORA DE CASA

– Não espere demais, nem de menos. Vá **SEMPRE DE PEITO ABERTO.** É o que Lela chama de "gestão de expectativa"

– Escolha pela companhia: **QUAL É O MELHOR LUGAR PARA IR** com o amigo, o cônjuge, sozinho? A experiência também depende disso

– Não peça para tirar ingredientes de um prato. Lembre-se de que tudo **ESTÁ ALI POR UM MOTIVO**

– Esqueça o celular. Não é hora de ver redes sociais. **APROVEITE O MOMENTO**

Sem afetação

"A comida tem de ser, antes de tudo, uma boa história para contar." Foi pensando nisso que, em 2007, os amigos Lela, Diego e Diogo abandonaram o emprego e mergulharam no mundo da gastronomia. O objetivo era falar de restaurantes de outro jeito: sem palavras difíceis, sem cacoetes, sem dar lição nem gourmetizar. Queriam conhecer novos sabores em Porto Alegre, de barraquinhas de lanche a restaurantes cinco-estrelas, e contar para todo mundo como tinha sido.

O começo foi simples: um blog, o Destemperados. "Tirar foto da comida, na época, era esquisito. Achavam que a gente ia mostrar pra nutricionista", conta Lela, rindo. Com o tempo, a capital gaúcha ficou pequena para as aventuras do trio. Foi quando os amigos começaram a busca por *food hunters* – pessoas comuns que amam conhecer restaurantes e estavam dispostas a escrever para o site. O blog virou um portal, hoje com mais de 100 colaboradores pelo Brasil. Assim, restaurantes de todo o país – e também do exterior – entraram no mapa e ganharam relevância. "Já teve chef que precisou manter um prato no cardápio por anos, só porque um monte de gente ficou com vontade de provar depois que viu no site", afirma.

Com o sucesso, Lela, Diego e Diogo abriram a Casa Destemperados, um lugar onde promovem eventos e cursos, ganharam um caderno no jornal e até lançaram um food truck. Mas eles garantem que o mais importante foi ter transformado sua paixão em um trabalho que dá prazer a quem quer encontrar novos sabores. "Queremos ser parte de um ecossistema gastronômico. Para nós, viver boas experiências através da comida é tão vital quanto respirar."

BELO HORIZONTE | MG

Eu ❤ a diversidade gastronômica do Brasil | Rodrigo Ferraz, empresário

Garimpando tradições

Quando Roninho abriu as portas do seu comércio, Rodrigo voltou no tempo. Ficou encantado com a disposição de cerca de 1.200 itens nas prateleiras de forma quase artística, em apenas 24 metros quadrados, em que é possível encontrar raridades. Centenária, a Mercearia Paraopeba, em Itabirito, a 60 quilômetros de Belo Horizonte, ainda vende na base do escambo. Seu Chico chega com um porco e volta com arroz. Dona Maria leva queijos e recebe em troca garrafas de coalho. "É um Brasil que está do nosso lado e não conhecemos. Nosso país é como se fosse um continente, tamanha a sua diversidade gastronômica", diz Rodrigo.

A inquietação em revelar essas riquezas levou o mineiro a criar um projeto que, há cinco anos, mapeia em foto, vídeo e textos a cadeia produtiva da gastronomia brasileira: a Expedição Fartura (www.farturagastronomia.com.br). "O projeto nasceu da vontade de provar a cultura em que a comida é preparada. Desde o cultivo pelas mãos do agricultor, chegando ao mercado para, então, se transformar em arte no fogão."

Desde 2011, Rodrigo e sua equipe visitaram mais de 170 cidades, rodaram 68 mil quilômetros e conheceram cerca de 450 personagens. Gente como seu Lopes, pescador da Ilha de Superagui, no Paraná, famoso pelas ostras do mangue assadas na brasa. A índia Teresa, de Boa Vista, que prepara o caxiri, a cerveja do índio. Ou seu Manoel, de um restaurante em Itamotinga, no sertão baiano, no qual todos os pratos levam bode. "Eles precisam aproveitar o animal inteiro", conta. "A gastronomia não é só o que se come, mas também o que está em volta."

Em cada recanto que para, a caravana da Expedição fica cerca de sete dias. São três meses por ano viajando em carros, barcos e aviões, coletando histórias e personagens. "O que me impressiona é essa diversidade. E o que une todas essas histórias é a paixão."

BARRIGA CHEIA E PÉ NA ESTRADA

Entre o açaí no Norte e as uvas no Sul, há uma diversidade enorme de pratos para desbravar no país. Se Rodrigo fizesse uma **LISTA COM AS COMIDAS BRASILEIRAS QUE VOCÊ PRECISA PROVAR QUANDO VIAJAR,** *não faltariam os embutidos artesanais do Ceará, a lagosta fresca na brasa de Pernambuco, o autêntico churrasco do Rio Grande do Sul, os muitos preparos do peixe tambaqui do Amazonas e o caribeu, um guisado de carne com mandioca, de Mato Grosso do Sul.*

BRASÍLIA | **DF**

De cabo a rabo

Casca, caule, folha, talo, semente e bagaço. O que iria para o lixo, Gina leva à panela. No começo, quem a vê cozinhando esses "restos" fica desconfiado, nem quer experimentar. Mas é só dar a primeira garfada para que o preconceito vá embora. Nutricionista, Gina é coordenadora nacional do Cozinha Brasil, programa do Sesi (Serviço Social da Indústria) que oferece cursos de como aproveitar os alimentos de forma integral. "Fazemos uma culinária saborosa, de baixo custo e rica em nutrientes", afirma. O programa nasceu em 1999, em São Paulo. Com o nome, na época, de *Alimente-se bem com R$ 1,00*, tinha por objetivo ensinar os trabalhadores a comer de maneira saudável e econômica. Ao apostar em receitas simples para o dia a dia, que qualquer um consegue reproduzir, o projeto agradou. Em 2004, foi ampliado para todo o país, respeitando as diferenças regionais de hábitos e ingredientes.

Gina entrou como instrutora logo no início. Em um de seus primeiros cursos, ela enfrentou uma resistência bem grande da parte dos alunos, funcionários da coleta de lixo do Distrito Federal. "Eles faziam piadas o tempo todo. Falavam que não eram porcos para comer restos", conta.

Algumas horas de aula bastaram para que mudassem de opinião. Ao final dos quatro dias de curso, aprendendo receitas como ensopado de casca de mamão, bobó de frango com talos e bolo de casca de banana, os alunos passaram a aplicar os ensinamentos na rotina da cooperativa. "Não há um caso em que não tivemos sucesso", diz.

Para Gina, o segredo é falar de alimentação de um jeito leve e didático. Enquanto prepara as receitas, a nutricionista ensina como manipular os alimentos e ter hábitos mais saudáveis na cozinha do dia a dia. Em seguida, os alunos podem degustar os pratos. "É bem diferente do trabalho em uma clínica. Do ponto de vista de mudança de comportamento, é muito mais interessante", considera.

Com 100 unidades móveis, o programa Cozinha Brasil já passou por 3.500 municípios e atendeu a mais de 1,5 milhão de pessoas. O projeto funciona em parceria com empresas, sobretudo indústrias, que fornecem os insumos e arcam com os custos de deslocamento da equipe. Reconhecido internacionalmente, o programa já transferiu conhecimento para países como Uruguai, Guatemala, Moçambique, Honduras e El Salvador. Gina não poderia estar mais satisfeita. "É como ver o crescimento de um filho. Sinto um orgulho muito grande."

USE 100% DE SUAS FRUTAS E VERDURAS

– COZINHE OS VEGETAIS com casca, utilizando o mínimo de água possível, e só coloque na panela quando a água já estiver fervendo (reaproveite a água para fazer arroz ou sopa!)

– EXAGEROU NA FEIRA? Congele. Legumes como brócolis e couve-flor podem ir ao congelador depois de passar por uma fervura de 3 minutos seguida de um mergulho em água gelada

– BATA AS FRUTAS no liquidificador com pouca água e congele em formas de gelo. Use os cubinhos de polpa para fazer sucos

"FAZEMOS UMA CULINÁRIA SABOROSA, DE BAIXO CUSTO E RICA EM NUTRIENTES"

Eu ❤ trabalhar com comida | Gira Marini, nutricionista

SÃO ROQUE DE MINAS | MG

No ritmo da natureza

Nem bem o sol aponta no horizonte, Ronilda e Zé Branco se põem a caminho da fazenda onde trabalham. Ela fica a uns 2 quilômetros do centro de São Roque de Minas, um dos sete municípios da área delimitada como produtora do autêntico queijo da Canastra, na serra mineira de mesmo nome. Ronilda é queijeira, e Zé Branco cuida das vacas e da ordenha. Esse queijo é feito com leite cru – por isso, até 2013, ele não podia sair do estado. Mas os produtores conseguiram o selo de inspeção, e o Canastra, de casca amarelada, textura quebradiça e toque picante, tornou-se o queijo mineiro mais prestigiado no Brasil. Ronilda fica feliz: "Isso ajuda quem trabalha com ele e traz emprego para a cidade".

QUEIJOS DO BRASIL

Zé Branco conta que é o responsável por receber os turistas que chegam na fazenda atrás do queijo, e se diverte com o desconhecimento da maioria: "Outro dia um moço viu o sal grosso em cima do queijo e achou que era gelo!", lembra. Ele conhece cada detalhe porque aos 17 anos já era queijeiro. Diz que, na época, a ordenha era feita na mão. Havia menos preocupações com processos e padrões, como acontece hoje.

Fora isso, as coisas ainda são feitas do jeito simples e sossegado da roça. Até porque não se deve estressar as vacas, senão elas "escondem o leite". "São 60 no total, mas se a gente está no meio do ano, por exemplo, tem só umas 40 paridas. O resto é solteira", explica Ronilda, que, no auge da produção, lida com 300 litros de leite por dia. "É bastante, mas o Zé me ajuda na hora de espremer a massa." O trabalho é gratificante e fornece um alimento sempre presente em sua mesa: "A gente usa com tudo: em receita, pra fazer pão de queijo, na macarronada, assado, frito, com doce".

O casal vai para a fazenda todos os dias. Mesmo nos fins de semana, porque, como se diz por lá, "as vacas não sabem o que é calendário". Quem prova o queijo da Canastra não tem ideia da dedicação dispensada a ele nem da importância de as vacas se alimentarem livres com o pasto que nasce ali na serra, para que seu leite expresse a natureza do lugar. Ou de que, por ser artesanal, o produto de cada queijeiro carrega o seu saber e o seu sabor. Ronilda explica: "É como fazer comida: cada um tem o seu tempero".

Além do Canastra, o Brasil tem muitos outros queijos típicos deliciosos. Conheça alguns:

COALHO *(todo Nordeste): de leite de vaca ou cabra, é intenso, pouco salgado e tem textura elástica*

COLONIAL *(Rio Grande do Sul): feito com leite de vaca, é ácido, levemente picante e fica cremoso ao ser derretido*

KOCHKÄSE *(região do Vale do Itajaí, SC): de leite de vaca, leva sementes de kümmel e é macio como queijo fundido*

MARAJÓ *(Ilha de Marajó, PA): feito com leite de búfala, é suave, gorduroso, pouco salgado e tem textura macia*

QUEIJO DE MANTEIGA *(região de Seridó, PB): de leite de vaca, é gorduroso, levemente ácido e tem textura bem macia*

SERRA DO SALITRE *(regiões de Patrocínio e Patos de Minas, MG): também de leite de vaca, é levemente picante, salgado e tem textura macia*

SERRANO *(Campos de Cima da Serra, RS): de leite de vaca, é amanteigado, com leve sabor de oliva e textura semidura*

"FAZER QUEIJO É COMO FAZER COMIDA: CADA UM TEM O SEU TEMPERO"

Nós ♥ queijo da Canastra | Ronilda da Silva, queijeira, e José Faria, o "Zé Branco", administrador de fazenda

Eu ♥ fotografar comida | Zaida Siqueira, fotógrafa

SÃO PAULO | SP

Registros da alma

"Com licença, posso tirar algumas fotos da sua cozinha?" Depois de mais de 20 anos de cliques, Zaida perdeu a conta de quantas vezes já fez esse pedido a desconhecidos. Graças ao carisma e ao olhar aguçado da fotógrafa, a lente de sua câmera já registrou recintos, utensílios e receitas em mais de 100 cidades, em todos os estados do Brasil – um trabalho que lhe rendeu livros e exposições que celebram as diferenças e semelhanças entre brasileiros quando o assunto é comida. "O cotidiano das pessoas sempre foi algo fascinante para mim. A cozinha, em especial, é uma chance única de entender essa gente", conta Zaida, que já fotografou em casa de um cômodo com chão de terra batida e forno a lenha do interior do Nordeste e em cozinhas ladrilhadas de mansões em São Paulo.

Antes mesmo de comprar sua primeira câmera, ela já fotografava com os olhos, guardando as imagens desse universo. As viagens para o sítio da avó, em Pirassununga, no interior de São Paulo, durante a infância e adolescência, eram sinônimo de horas entre a cozinha e o quintal, observando farinha, leite, ovos, legumes e frutas enquanto se transformavam em pães, massas, molhos e geleias. Às vezes, Zaida acordava com o cantar do galo, só para acompanhar os pescadores rumo ao rio. Para ela, registrar esses comportamentos – primeiro na memória e mais tarde em fotos – tornou-se uma forma de conectar-se com o que lhe importa de verdade: a beleza presente na simplicidade do dia a dia.

A curiosidade para entender a vida de desconhecidos que passam pelo seu caminho é uma de suas grandes motivações como fotógrafa. Hoje, ela vai além das cozinhas: sempre que ouve falar de algum festival protagonizado por comidas típicas, Zaida põe a câmera na mala e o pé na estrada. Quando chega ao seu destino, procura saber quem faz o prato clássico da região e se, além de dar uma "beliscada", pode fazer alguns cliques. Entre suas experiências mais marcantes, está a Festa do Pato Pelado, em Conceição e São Simão, no Maranhão, em que aves são crucificadas, cobertas com flores e conduzidas em estandartes pelas ruas da cidade, em um cortejo que termina com um grande banquete organizado por todos os moradores. Já no Sul, viajou a cavalo de Alegrete a Uruguaiana com churrasqueiros gaúchos.

Mergulhar em mundos tão peculiares fez Zaida perceber que a comida é uma paixão que não conhece fronteiras. "Ao prestar atenção em receitas, cozinhas e celebrações em torno dos alimentos, aprendo sobre a realidade humana. Vejo que temos muito em comum, seja na decoração de um ambiente ou na forma de confraternizar."

5 PRATOS BRASILEIROS PARA PROVAR

Clássicos da cozinha regional que Zaida conheceu em suas andanças e indica:

1 CALDO DE TURU, feito na Ilha de Marajó. A receita é feita com um molusco que vive em troncos de árvores apodrecidas nos mangues da região

2 CUXÁ, comida típica do Maranhão, feita com gergelim, vinagreira e farinha de mandioca amassados e cozidos. Vira um creme, servido com peixe

3 MOQUECA DE BANANA-DA-TERRA, do Espírito Santo, que dispensa o peixe e também se torna um ótimo prato vegetariano

4 PEIXE COM PIRÃO NA FOLHA DE BANANEIRA, prato de origem indígena, em que o peixe enrolado na folha é assado sob a terra. Seu caldo, junto com a farinha de mandioca, forma um pirão

5 CUSCUZ PAULISTA, comum no interior de São Paulo, feito com palmito, sardinha, cheiro-verde, tomate, ovo cozido e engrossado com farinha de milho

"A COZINHA É UMA CHANCE ÚNICA DE ENTENDER AS PESSOAS"

CORUMBÁ | MS

Amante e militante

Willer é um carnívoro que poderia viver facilmente sem consumir carne de boi, porco ou frango. Para ele, a melhor e mais rica fonte de proteína animal vem do jacaré. "Cresci no Pantanal, com a minha mãe fazendo petiscos fritos com aquela carne clara e magra. Jacaré não é exótico para quem vive aqui", diz.

Talvez por isso ele tenha se interessado por esse animal desde os tempos da graduação no curso de zootecnia, quando estudou o bicho. Depois de conhecer melhor as propriedades do réptil, Willer fundou uma empresa especializada na criação de jacarés para consumo. "Apesar de ser uma espécie típica do Brasil, esse ainda é um mercado muito pouco explorado no nosso país", explica. Para entender melhor sobre o assunto, falou com especialistas na Argentina, nos Estados Unidos e na África do Sul. Tudo para se certificar de que seu negócio, ainda visto como polêmico, esteja dentro das normas.

Depois de quase dez anos de trabalho, Willer está finalmente transformando seu criadouro em um lugar autossuficiente, onde toda a cadeia produtiva – da criação à venda da carne e do couro – é controlada por ele. "Isso diminui os custos e, claro, se reflete no preço do produto final", diz. A pele do animal é exportada para países como México, Coreia do Sul, Japão, França e Itália. Já a carne, ele sonha, um dia estará em qualquer mercado – hoje, a venda é mais comum para restaurantes que gostam do apelo exótico. Mas Willer garante que para filé de cauda, dorso, língua e coração de jacaré chegarem aos açougues só é preciso atiçar a curiosidade das pessoas. "Por isso também quero fazer faculdade de gastronomia", conta. Assim, ele poderá aperfeiçoar suas especialidades culinárias – entre elas, filé grelhado, risoto, ceviche e até sashimi. De jacaré, claro. Sua maior vontade, porém, é ver mais brasileiros aproveitando um belo prato de mojica de jacaré, a moqueca clássica do Pantanal, que leva leite de coco e caldo de mandioca.

O prazer de comer, segundo Willer, está justamente em descobrir novos sabores à mesa. "O fato de ser saudável, aliado ao sabor leve e à versatilidade gastronômica, torna a carne de jacaré única e muito promissora. Você não quer experimentar?"

POR QUE NÃO?

Além do jacaré, o Brasil tem outras carnes exóticas para oferecer ao gourmet curioso – desde que, claro, a produção seja fiscalizada pelo Ibama. Confira:

AVESTRUZ: *apesar de ser uma ave, a carne lembra a de boi*

CAPIVARA: *o maior roedor do mundo tem carne macia e suave*

CATETO: *porco-do-mato, com carne magra e adocicada*

EMA: *a ave tem carne escura e macia*

JAVALI: *carne escura, de sabor forte*

PACA: *lembra carne de porco, rosada e suave*

QUEIXADA: *porco selvagem de carne vermelha e saborosa*

TEIÚ: *o lagartão tem carne branca, que lembra frango*

RÃ: *come-se apenas as coxas, de carne branca e macia*

"JACARÉ NÃO É EXÓTICO PARA QUEM CRESCE NO PANTANAL"

Eu ♥ carne de jacaré | Willer Girardi, zootecnista

PARAÍBA DO SUL | RJ / PARIS | FRANÇA

Eu ❤ fazer com que as pessoas se sintam em casa | Rosilene Vitorino, chef

Gosto de saudade

ESTOQUE PESSOAL

*Quem viaja ao exterior e pensa em levar comida na mala deve antes pesquisar as **REGRAS SOBRE O TRANSPORTE DE ALIMENTOS DO PAÍS DE DESTINO.** A maioria proíbe a entrada de produtos frescos ou não industrializados de origem animal ou vegetal, como frutas, laticínios e sementes. Em geral, são permitidos na bagagem bebidas alcoólicas, azeites, enlatados, chocolates, temperos prontos, biscoitos e farinhas industrializadas.*

Graças à chef Rosilene, os funcionários da embaixada do Brasil em Paris não podem dizer que sentem falta da comida de casa. O cardápio que ela prepara por lá inclui delícias bem brasileiras, como frango com quiabo, bobó de camarão e feijoada. Farofa? Tem todos os dias. "E filé à milanesa não pode faltar, o povo adora", diz. Algumas adaptações foram necessárias para se adequar à disponibilidade de ingredientes: em vez de paio, linguiça de Morteau; no lugar da couve, *bok choy*, uma verdura de origem chinesa, mais fácil de encontrar.

Rosilene mudou-se para a França há 29 anos, para fazer uma especialização em fonoaudiologia, sua área original. Acabou se casando, ficando por lá e pondo em prática seu plano B: a cozinha, uma paixão que a acompanhava informalmente desde pequena. Sua comida ficou tão conhecida entre os expatriados no país que foi convidada a assumir o restaurante interno da embaixada, exclusivo para funcionários e convidados. "Todo mundo se lembra da comida da mãe. E, quando estamos longe de casa, essa saudade bate forte", diz. "Com a minha comida, tento despertar essa memória afetiva, fazer com que as pessoas se sintam como se estivessem almoçando em casa mesmo. Já teve gente que chorou de emoção ao comer meu feijão", diz. Para ela, não há reconhecimento maior do que ouvir aquele "hummmm" de quem acabou de dar a primeira mordida em um quindim. E ela garante: diante de um bobó de camarão, qualquer um esquece o *foie gras*. "Olha, é raríssimo um estrangeiro que não goste dos meus pratos!"

PONTA GROSSA | PR

Eu ❤ desenvolver novos produtos | Aline Meloni, engenheira de alimentos

Química de sabores

"Ir ao supermercado está entre os meus passeios preferidos. E não importa se estou em Ponta Grossa, onde moro, ou em lua de mel no Chile: vou até quatro, cinco vezes por semana, observo os consumidores, olho as embalagens, leio os rótulos, tiro fotos. É o meu parque de diversões! O passatempo tem explicação: eu sou engenheira de alimentos, especialista em pesquisa e desenvolvimento da indústria de bebidas, e ainda me encanto com a magia que existe atrás das gôndolas.

Eu trabalho em um laboratório. Na minha bancada, tem uma série de ingredientes e aditivos, alguns com nome quase impronunciável: ácido ascórbico, sorbato de potássio, sequestrante, cálcio dissódico... Enquanto crio combinações, a alquimia acontece. Para fazer um suco de laranja natural com vegetais, por exemplo, testei couve, brócolis, abobrinha, abóbora... Nesse caminho, vamos fazendo degustações e ajustes. Se eu quero deixar a bebida mais grossa, uso um espessante. Se preciso evitar a sedimentação de polpa no fundo, uso estabilizante. O suco perdeu um pouco de aroma e gosto? É só reforçar com aromatizantes.

Há empresas especializadas em produzir sabores de tudo o que se possa imaginar. Existem os aromas artificiais, com moléculas que nunca foram encontradas na natureza; os idênticos aos naturais, cujas moléculas já foram encontradas na natureza, mas que, aqui, foram feitas em laboratório; e os aromas naturais, com moléculas extraídas do alimento. Mas, neste caso, não precisa ser necessariamente da comida em questão. No suco de laranja, por exemplo, eu posso pegar um pedacinho de uma molécula do limão para trazer o gostinho ácido. Num aroma de uva vai ter um tantinho do aroma natural dela misturado ao de mais dez frutas.

Meu trabalho é criar produtos, técnicas e embalagens que sejam saudáveis e práticos ao mesmo tempo. O industrializado nem sempre é o vilão. A gente trabalha para que o resultado seja o mais próximo possível do natural. Quando eu estudo e produzo novas embalagens, novos aditivos e novos processos, é sempre tentando reduzir a parte química e artificial. Mais do que combinar substâncias e criar sabores, meu grande desafio é transformar o alimento no que ele pode ser melhor na gôndola para o consumidor."

EU QUE FIZ!

*Um dos aromas mais populares, a baunilha fica **mais gostosa quando é de verdade e feita em casa**, o que é muito simples. Corte três favas de baunilha pelo comprimento. Coloque-as em um vidro escuro e adicione 240 ml de vodca. Feche o pote e chacoalhe. Guarde em um lugar escuro e fresco. De vez em quando, dê uma boa sacudida. Em seis meses, seu extrato natural de baunilha estará no ápice do sabor (mas no segundo mês já tem um gostinho).*

CUIABÁ | MT

De forno e fogão

DICAS PARA UMA MARMITA APETITOSA

– Cozinhe o **MACARRÃO** 2 minutos a menos e exagere no molho: assim, na hora de esquentar, ele fica no ponto certo

– **BIFE, FRANGO,** hambúrguer: leve malpassados. Assim, na hora de esquentar, eles chegam ao ponto. Peixe, melhor não: fica seco e o cheiro é forte

– Separe o **FEIJÃO DO ARROZ,** senão o caldo some e o feijão fica seco

– Leve a **SALADA** separada, em um pote de vidro, com o molho no fundo. Ela se conserva fresca e na hora de comer é só chacoalhar para misturar o tempero

– Evite **FRITURAS,** que ficam moles e murchas

– Nunca use **MARMITA** sem divisória: cada alimento deve ficar em seu lugar. Melhor levar a comida em vários potinhos!

"Eu sempre digo que nasci com a colher de pau e a panela nas mãos, mas só fui descobrir esse meu talento quando já era moça. Fui criada longe da minha mãe e dos meus irmãos e só passei a lidar com o fogão quando virei doméstica, aos 17 anos. Eu fazia o básico e já agradava, mas acabei aprendendo um monte de receitas pela televisão a pedido de uma ex-patroa. Recebia tantos elogios por causa da comida que decidi mudar de profissão.

No meu primeiro emprego como cozinheira, o dono do restaurante gostou tanto da minha comida que resolveu pagar um curso de gastronomia para mim. Depois disso, trabalhei em outro restaurante e também na cozinha de uma agência de publicidade. Eu gostava de preparar pratos do dia a dia e muita coisa da culinária mato-grossense, como maria-isabel, mojica de pintado, ventrecha de pacu e arroz com pequi. Sempre caprichei no tempero, usando pimenta de cheiro, salsinha, coentro, além de deixar a cebola e o alho bem douradinhos antes de refogar qualquer coisa. Todo mundo adorava.

Em 2015, na época da agência, surgiu a oportunidade de concorrer com outros cozinheiros em um programa de TV. No final, minha irmã Gonçalina, que conheci depois de moça e levei para participar comigo, conquistou o prêmio. Eu fiquei em terceiro lugar, mas ganhei da minha irmã um fogão de seis bocas com chapa. Eu pretendia abrir um negócio com comida e uma amiga topou ser minha sócia. Ela entrou com freezer, forno, mesa de inox e outros utensílios de cozinha.

Nossa empresa, Valdelícias, começou a funcionar no início de 2016 e vem crescendo devagarinho. Primeiro, vendia congelados. Agora, marmitas de comida caseira. Eu escolho os pratos da semana pensando no que é de época e está mais em conta no mercado. Vendo cerca de 40 marmitas individuais e 15 familiares diariamente. Além delas, tenho preparado paneladas de pratos típicos da região sob encomenda, para servir de 10 a 100 pessoas. É puxado: todos os dias, me levanto às 4h30 e já vou para a cozinha. Mas é o que eu gosto de fazer, o que me trouxe o reconhecimento das pessoas e o que pode me ajudar, um dia, a abrir meu restaurante de culinária mato-grossense."

"É PUXADO: ME LEVANTO ÀS 4H30 E JÁ VOU PARA A COZINHA. MAS É O QUE EU GOSTO DE FAZER"

Eu ❤ fazer pratos saborosos | Valdeci Faria, cozinheira

BELO HORIZONTE | MG

Aceita uma barata?

Imagine passar no supermercado e encontrar um pacote de uma farinha boa demais para ser verdade: sem glúten, sem produtos transgênicos, de alto valor proteico e, ainda por cima, com preço bom. Olhando mais atentamente, porém, um detalhe: a farinha é feita de baratas. Ou, quem sabe, ir a uma festa de aniversário pensando nos docinhos e descobrir que eles são, na verdade, grilos torrados e cobertos com chocolate.

Para Gilberto Schickler, histórias como essas vão se tornar realidade nas próximas décadas. "Os insetos farão parte do nosso cardápio – e nós vamos achar ótimo", garante. É que animais como grilos, formigas, besouros e baratas são uma fonte de proteína mais rica do que bois, porcos e frangos. Preconceitos à parte, alimentar-se com insetos tem muitas vantagens: praticamente todo o corpo do animal é aproveitado, o que diminui o desperdício; os custos de manutenção dos rebanhos – de ração, estrutura e medicamentos, por exemplo – são muito mais baixos, o que reduz o preço final; e o impacto no meio ambiente também é muitíssimo menor, já que insetos são abundantes e não necessitam de tanto espaço, alimento ou água em sua criação. Por essas razões, a Organização das Nações Unidas para Alimentação e Agricultura (FAO) considera esses bichinhos uma saída importante para combater a fome no planeta em um futuro bem próximo.

Schickler ressalta que os brasileiros estão atrasados nessa tendência: hoje, mais de 2 bilhões de pessoas se alimentam com cerca de 2 mil espécies de insetos em todo o planeta. A curiosidade dele pelo assunto foi despertada por acaso, depois de trabalhar em um viveiro alimentando pássaros – cuja dieta inclui insetos. "Para explicar a qualidade da comida das aves, eu costumava dizer que era tão boa que poderia alimentar humanos." Foi aí que o discurso se juntou à prática. Depois de frequentar seminários, eventos e degustações, ele tornou-se empreendedor: hoje está desenvolvendo a própria barra de proteínas feita com grilos. "É uma forma de incluir nutrientes de qualidade na nossa alimentação sem exibir o inseto inteiro, já que isso ainda causa estranhamento", diz.

Enquanto a produção não alcança maior escala, Schickler recebe visitas de curiosos em seu insetário. Ele gosta de reparar na reação das pessoas ao provar as iguarias. Alguns associam o sabor dos animais a soja, trigo, amendoim e até a camarão. Desenvolver receitas é parte do trabalho. "Não adianta a gente dizer que o inseto tem ômega 3 se ele não for gostoso", diz. Para ele, o sucesso dos minirrebanhos depende de uma nova forma de entender a alimentação. "Comer insetos não é a dieta do futuro. É uma releitura de algo que existe desde a Idade da Pedra e que está ao nosso alcance. Só precisamos abrir o leque de possibilidades."

COMO COMER INSETOS

Não, não é qualquer barata que você pode comer. Há mais de 1,5 milhão de espécies de insetos no mundo, mas estima-se que apenas cerca de 2 mil são comestíveis. Na dúvida, prefira bichos criados para fins alimentícios:

*– **FORMIGAS TANAJURAS** são uma iguaria para índios amazônicos e também na região do Vale do Paraíba, em São Paulo, onde a farofa de içá, feita com elas, é uma tradição*

*– **GRILOS-PRETOS,** quando desidratados e cobertos com chocolate, ficam crocantes e deliciosos: as crianças adoram*

*– **LARVAS DE BESOURO TENÉBRIO** secas e bem temperadinhas parecem batata-palha*

*– **MOSCAS, BESOUROS E BARATAS** transformados em farinha têm o dobro de proteína por 100 g do que frango. É só misturar na massa do bolo, que nem dá pra perceber...*

"OS INSETOS FARÃO PARTE DO NOSSO CARDÁPIO. E NÓS VAMOS ACHAR ÓTIMO!"

Eu ♥ insetos comestíveis | Gilberto Schickler, zootecnista

Eu ♥ ajudar a resgatar o prazer de comer | Sophie Deram, nutricionista

SÃO PAULO | **SP**

Por uma mesa sem culpa

Quando Sophie chegou aos Estados Unidos, em 1988, deparou com algo que nunca tinha visto antes: uma guerra contra a comida. Mais especificamente contra a gordura. "Eu, que até então tinha uma relação tranquila com o que comia, passei a me questionar se deveria comer mais ômega 3 ou eliminar a manteiga do meu pão", conta. Foi a primeira vez que a francesa, na época com 24 anos, percebeu o que hoje chama de "terrorismo nutricional". Ela ficou tão impressionada com a obsessão dos americanos por dieta que decidiu estudar nutrição. "Como engenheira agrônoma, já conhecia muito de biologia e fiquei curiosa em aprender sobre a relação do corpo com a comida." Mais tarde, já no Brasil, engatou um doutorado em endocrinologia. "Foi quando me dei conta de que havia muitos mitos, muitas crenças equivocadas. O discurso sobre ter disciplina, fechar a boca e malhar para emagrecer, por exemplo, era ineficaz na maioria das vezes", conta. Então, passou para a psiquiatria e foi entender mais sobre os transtornos alimentares. "Nesse campo, tudo é emocional. Vi como a nutrição é uma ciência complexa, que não segue regras."

Com pacientes anoréxicos, bulímicos e compulsivos, Sophie pôde comprovar na prática o que é demonstrado pela ciência: todo transtorno alimentar costuma começar com uma dieta. "É preciso haver predisposição genética. Mas, se não há restrição alimentar, o problema pode não se manifestar." Da mesma forma, o comer emocional e o descontrole à mesa estão diretamente relacionados a dietas restritivas. "O organismo entende a fome como um risco à sobrevivência e, para se proteger, desperta nosso apetite. Imagine o drama: de um lado, você tentando comer menos, de outro, o cérebro mandando comer cada vez mais." Isso explicaria por que é tão normal fracassar na luta contra o peso. "O cérebro humano odeia dietas. Por isso, elas simplesmente não funcionam. Há anos temos estudos que comprovam isso, mas, infelizmente, elas continuam sendo receitadas."

Sophie orgulha-se de nunca ter prescrito um cardápio na vida. Em vez disso, trabalha para que seus pacientes restabeleçam a paz com a comida, voltem a ouvir seu corpo e a respeitar suas vontades – sem tanta regra, com muito mais prazer. "Se está tranquilo, você se satisfaz com muito menos. Não é preciso fazer uma despedida, já que nada é proibido", diz. No dia da foto, comeu sem culpa e com muito gosto as batatas fritas que enfeitavam o prato. "Comer é um dos grandes prazeres da vida. Ninguém deveria se privar disso."

MAIS AMOR, MENOS DIETA

Três dicas de Sophie para fazer as pazes com a comida e com o seu corpo:

1 NÃO FAÇA DIETAS: *95% das pessoas que fazem dietas restritivas voltam a engordar*

2 COMA MELHOR, NÃO MENOS: *alimentos naturais, frescos, de qualidade e sem muitos aditivos são a melhor prevenção para a obesidade*

3 COZINHE SUA COMIDA: *quem cozinha tende a comer menos e a prestar mais atenção na qualidade do que põe no prato*

"COMER É UM DOS GRANDES PRAZERES DA VIDA. NINGUÉM DEVERIA SE PRIVAR DISSO"

Eu ❤ carne | István Wessel, açougueiro

SÃO PAULO | SP

O marketing da carne

István é um açougueiro que não vende só carne: vende potenciais receitas de sucesso à mesa. Vindo de uma família de açougueiros húngaros que se dedica ao ofício há cinco gerações, ele garante, com orgulho, que foi o primeiro no Brasil a dar atenção especial ao trajeto das carnes, desde o açougue até o prato do consumidor. "Percebi que, mais do que pensar no corte que é vendido para o cliente, há uma necessidade de conectar a carne com a gastronomia. Existe uma diferença entre vender um corte chamado lagarto e vender rosbife, por exemplo", explica.

Até o negócio de família chegar a ele, não havia muita necessidade de ser criativo: na década de 30, a família Wessel era dona do único açougue em Tata, no interior da Hungria. Anos depois, durante a Segunda Guerra Mundial, o pai de István foi levado para um campo de trabalhos forçados, de onde só escapou porque se ofereceu como voluntário para ralar na cozinha. Só depois que migraram para São Paulo, precisando buscar formas de ganhar espaço no mercado, que os Wessel perceberam o valor de ir além do básico. A solução de István para driblar a concorrência na capital paulista foi criar fichas com receitas para cada corte que vendia com o selo do açougue da família, sempre sugerindo acompanhamentos e molhos para as carnes. Ele pensou em todos os detalhes: papel firme, que ficasse em pé sem precisar segurar, letras grandes e design agradável aos olhos. Às vezes, consumidores passavam pelo açougue apenas para buscar uma ficha, sem comprar nada. Para István, isso era ótimo: "Era sinal de que estavam associando nossa marca ao consumo prazeroso da carne".

Da vontade de inserir cortes na alta gastronomia surgiram algumas das criações que, hoje, se popularizaram no mercado – como o carpaccio e o hambúrguer gourmet, moda que ele lançou por aqui. Esse último tornou-se o carro-chefe da marca: são mais de 1.500 quilos produzidos por hora. István diz que deve o sucesso à sua inquietude e à tentativa de inovar constantemente. "Quanto mais criações você faz, mais espaço ocupa na mente do consumidor", ensina. Por isso ele não pensa em parar e tem novas ideias de receitas o tempo todo. Para István, as carnes são como joias brutas, prontas para serem lapidadas pela tradição e criatividade de sua família.

OLHA O BOI!

A qualidade e o sabor da carne dependem do tipo de gado. No Brasil, há três:

– O boi **NELORE** é o mais comum no país. A carne é mais magra, dura e barata

– O **ANGUS** tem mais gordura intramuscular, o que dá mais maciez à carne – que custa mais

– O precioso **WAGYU** é muito marmorizado – tem gordura entre as fibras –, o que dá muita suculência

"HÁ UMA DIFERENÇA ENTRE VENDER UM LAGARTO E VENDER UM ROSBIFE"

CURITIBA | PR

Eu ♥ me expressar por meio da comida | Manu Buffara, chef de cozinha

Comida autografada

CHEF EM CASA

Para cozinhar como um chef, é preciso estudar. Aqui estão três bons livros para começar.

A HISTÓRIA DA ALIMENTAÇÃO NO BRASIL, *de Luís Câmara Cascudo: uma investigação poética sobre nossas origens e nossos hábitos*

COMIDA & COZINHA, *de Harold McGee: tudo sobre ingredientes e a ciência da alquimia culinária*

LE CORDON BLEU – TODAS AS TÉCNICAS DE CULINÁRIA, *de Jeni Wright e Eric Treville: a bíblia de todos os chefs*

Na cozinha da Manu sempre tem carnes, peixes e frutos do mar de fornecedores de cidades próximas a Curitiba. Também não faltam vegetais, escolhidos pessoalmente nas feiras do bairro onde mora. A chef adora conversar com os produtores e saber de onde o alimento vem, como é a terra, o adubo, a plantação. Para ela, o ingrediente é o mais importante na cozinha. Por isso mesmo, procura modificá-lo o menos possível em suas criações. "Cada prato conta uma história por meio dos ingredientes. E, para que traga essa essência, precisa ser feito sem pressa", diz Manu. "Gosto de descobrir o melhor corte da carne, a delicadeza de retirar todos os branquinhos da laranja para uma geleia. É isso o que eu sou e essa é a cara do que faço." Aberto em 2011, o Manu, seu restaurante, não tem cardápio fixo: só menu-degustação, com base nos ingredientes à disposição no dia. Pode aparecer um crocante de batata-doce com olhete e cítricos ou um porco com iogurte de mandioca e hortelã... No início, ela ficou apreensiva: será que aceitariam a ideia? Mas, aos poucos, o Manu ganhou o reconhecimento de público e crítica. O sucesso também se deve à técnica adquirida em anos de experiência na Europa. "Foi o Noma, de Copenhague, que me fez perceber quanto era importante entender a minha essência antes de abrir o meu lugar." Quem a auxiliou também nesse processo foi a avó materna. "Ela é italiana e meu avô, libanês. Sua comida sempre teve essas influências e é a minha preferida", conta. "Ela vai para a cozinha até hoje. Diz que cozinhar é um ato de amor. Isso me inspira."

MANAUS | AM

Eu ♥ plantas não convencionais | Valdely Kinupp, biólogo

Muito além da alface

Beldroega, capiçoba, língua-de-vaca, bertalha, esparguta, tanchagem, urtiga. Kinupp está trabalhando dia após dia para que essas plantas e pelo menos outras 300 estejam no prato de todos os brasileiros, sem que ninguém faça careta. O biólogo e professor é especialista em PANCs – plantas alimentícias não convencionais. "É um nome técnico para definir as plantas que mais da metade da população não conhece", diz. "Se não estiver na merenda escolar, na feira, no supermercado ou nos restaurantes, é PANC."

O nome veio a calhar: é um trabalho intenso e complicado – como o próprio Kinupp diz, é *punk*. Mas é, também, sua grande paixão. Para ele, cada planta incorporada ao seu catálogo é uma nova oportunidade de ser criativo na cozinha. A prova está em sua catalogação mais marcante: o cipó-babão, uma hortaliça comum entre os índios caiapós, na Amazônia, e que Kinupp e seu olhar treinado encontraram no campus de uma universidade durante um ciclo de palestras. "Deixei que ele passasse por um longo cozimento. A textura final foi a de um creme, como um mingau", relata. Dali, nasceram receitas de sobremesas de que ele se orgulha muito. "Posso dizer que faço um pudim de cipó delicioso!"

Ciência e cozinha andam juntas nesse trabalho, pois não basta só descobrir uma PANC: é preciso torná-la apetitosa para que mais gente se interesse em prová-la. Mas para Kinupp, "alfabetizar" a população sobre plantas ainda pouco presentes no dia a dia vai além de incrementar o cardápio. "Ao divulgar essas espécies, a matriz agrícola se expande, e a produção em larga escala dessas plantas pode gerar empregos e renda de forma digna", acredita. Nos últimos anos, o biólogo tem colhido não só novas plantas para análise, mas também frutos – esses, metafóricos: seu livro sobre PANCs tornou-se referência e inspirou uma legião de seguidores. "Aos poucos, mais pessoas estão percebendo que nosso prato não precisa ter só alface, tomate e couve. Podemos e precisamos fugir da monotonia alimentar."

PANCs AO SEU REDOR

Para reconhecer e preparar PANCs, essas duas fontes são preciosas:

– De Valdely Kinupp e Harri Lorenzi, o livro **PLANTAS ALIMENTÍCIAS NÃO CONVENCIONAIS (PANC) NO BRASIL** *é uma enciclopédia cheia de fotos e receitas*

– **COME-SE.BLOGSPOT.COM.BR** *é o inspirador blog de Neide Rigo, que acha e cozinha PANCs na cidade*

SANTO ANTÔNIO DO DESCOBERTO | GO

Sombra e água fresca

Morar na fazenda era uma vontade antiga do mineiro Caetano. Em 1998, ele e a mulher, Eliana, compraram uma propriedade de 165 hectares em Santo Antônio do Descoberto, em Goiás, a 70 quilômetros de Brasília. Queriam viver lá em razão do estilo de vida da roça e do privilégio de comer direto da horta – e também para contribuir, de alguma maneira, com uma alimentação de qualidade e um planeta mais saudável.

Por muito tempo, eles cuidaram do terreno a distância. "Resgatamos uma nascente de água que havia secado e plantamos 500 árvores próximas à mata ciliar", conta Caetano. Há quatro anos, eles passaram a morar na fazenda e decidiram criar frangos orgânicos. "Depois de estudar o mercado, vimos que a demanda por grãos orgânicos ainda é pequena. Escolhemos a criação de animais porque, assim, estimulamos a produção de grãos para alimentá-los e, consequentemente, ajudamos a estruturar a cadeia produtiva de orgânicos", explica.

Em 2015, a fazenda Cantão da Lagoinha tornou-se uma das quatro produtoras de frango orgânico certificadas no país. A capacidade de produção anual é de cerca de 15 mil aves – para se ter uma ideia, na avicultura industrial, 1,9 milhão de frangos são criados nesse mesmo espaço. "Imagine navios negreiros partindo para o Brasil no século 16. É algo assim. É tanto estresse que os produtores precisam atacar as consequências: 80% dos antibióticos produzidos no mundo vão para animais", afirma Caetano. Em sua fazenda, desde o momento em que chegam, com um dia de vida, os pintinhos são recebidos com respeito. Crescem em uma área com espaço para correr e ciscar, como antigamente. "Estamos ainda nos primórdios da evolução da produção orgânica, embora ela seja bem mais antiga do que a convencional", observa Caetano. Suas aves dormem em camas feitas com sabugo e palha de milho. E a ração, que ele faz questão de preparar, com milho e soja orgânicos cultivados na própria fazenda, inclui ervas fitoterápicas, como calêndula e alecrim, que ajudam a fortalecer o sistema imunológico dos franguinhos. "A qualidade do alimento é a base do sucesso de produção de qualquer coisa. É preciso cuidar da matéria-prima."

Por enquanto, mesmo com o mercado crescendo 30% ao ano, a venda do frango no varejo de Brasília não paga as contas da fazenda. Mas Caetano está convicto de que essa hora vai chegar. Mais que difundir conhecimento, incentivar o consumo e a produção de orgânicos, o que o casal mais deseja é oferecer um alimento saudável e acessível a todas as classes sociais. "Acreditamos que a produção de orgânicos é, fundamentalmente, um ato de respeito à vida."

O QUE O FRANGO ORGÂNICO TEM?

– Seu **CICLO BIOLÓGICO NATURAL** é respeitado – não há estímulo ao desenvolvimento nem uso de promotores de crescimento

– Vive em uma área de **PASTO ARBORIZADO**, cultivado sem uso de herbicidas, agrotóxico nem de adubação química

– O animal **CISCA DURANTE O DIA**, dorme à noite e não é obrigado a comer 24 horas por dia

– É criado **SEM ANTIBIÓTICOS**

– Sua **ALIMENTAÇÃO** é orgânica

– O ambiente interno é limpo com cal e água, **SEM INSETICIDAS**

– Convive em densidade máxima de **10 AVES POR METRO** quadrado

"A PRODUÇÃO DE ORGÂNICOS É UM ATO DE RESPEITO À VIDA"

Nós ❤ promover a saúde | Eliana Rodrigues, e Carlos Caetano, criadores de frango orgânico

SÃO PAULO | SP

Para comer com os olhos

Sabe aquelas imagens irresistíveis do comercial de hambúrguer? O queijo perfeitamente derretido, o tomate vermelhinho, a carne suculenta grelhada no ponto... E aquele frango tão douradinho que o cheiro parece atravessar a tela da TV? Provocar esse misto de sensações é o principal desafio de Peninha – e quando ele entra em cena o objetivo é um só: deixar todos com água na boca. O trabalho do *food stylist* – ou estilista de comida – mais requisitado do país envolve a preparação e apresentação de alimentos e bebidas para torná-los mais atraentes e apetitosos em campanhas publicitárias.

Na área há 36 anos, Peninha começou como cozinheiro nos Estados Unidos, nos anos 1970. De volta ao Brasil, foi chef em diversos restaurantes até que, em 1978, passou a fazer *catering* – como se chama o fornecimento de comidas prontas e serviços – para equipes de cinema. Daí, foi um pulo para se tornar produtor de alimentos em filmes publicitários. "Minha trajetória na cozinha foi fundamental. Para ser *food stylist* você tem de saber fazer e conhecer comida", diz.

No dia a dia de Peninha, não basta a comida ser boa: ela precisa parecer boa também. Para garantir que tudo dê certo, ele realiza um *casting* para escolher a melhor peça. Nada de peru com uma perna mais comprida do que a outra, por exemplo. "Nesse aspecto, comida é que nem gente: tem tamanhos e tipos diferentes. Para fazer o *casting* de um peru de Natal, chegam cerca de 50 peças. Seleciono umas oito para tratar", conta. Primeiro, se for o caso, o produto é cozido. Depois, passa pela maquiagem, feita com tintas comestíveis, as *food colors*: um vermelho para realçar a cor do molho de tomate ou dourado para uma carne vistosa... "O peru, por exemplo, ganha primeiro um banho de sol em um forno aberto, depois é pintado. Dependendo do prato, esse processo pode demorar muito. Já fiquei horas e horas para acertar um drinque", diz. Durante a sessão, um belo cenário e uma boa iluminação também entram em jogo para deixar tudo suculento. Mas Peninha assegura que quase tudo o que vemos é o que parece. "Essa história de 'químico' é folclore. Eu faço tudo natural. Quando termino um trabalho, boa parte do que sobra a gente come!"

COMO CLICAR A COMIDA

– *Tudo começa pela luz. No restaurante, escolha um lugar* **PERTO DA JANELA.** *Flash do celular, jamais!*

– *A luz deve vir de trás da comida para* **DESTACAR A TEXTURA,** *mas isso pode deixar a frente do prato escura. Para iluminá-lo, posicione um espelho de maquiagem defronte ao prato para rebater a luz*

– **ARRUME O PRATO.** *Escolha os pedaços de comida mais fotogênicos, ajeite o molho, enfeite com um detalhe, limpe as sujeirinhas. Depois da foto, você se serve de verdade!*

– **ORGANIZE A CENA,** *compondo com outros objetos, como a mesa, a taça, os talheres, flores*

– *Teste* **NOVOS ÂNGULOS** *– vale até subir na cadeira*

– *Coloque o* **FOCO NO PRATO** *e deixe o fundo desfocado*

"PARA SER UM FOOD STYLIST, VOCÊ TEM DE SABER FAZER E CONHECER COMIDA"

Eu ♥ ser estilista de comida | Gilberto Oller, o Peninha, *food stylist*

BELÉM | PA

Paixão de infância

SUPERFRUTAS

Além de deliciosas, essas frutas brasileiras têm uma enorme concentração de nutrientes e, por isso, são chamadas superalimentos:

– O **AÇAÍ** é riquíssimo em antioxidantes, que protegem contra o envelhecimento

– O **CAMU-CAMU** é uma bomba de vitamina C

– O **CUPUAÇU**, um primo do cacau, é rico em antioxidantes e vitaminas

– A **FEIJOA**, ou goiaba-do-mato, é anti-inflamatória

– A **GABIROBA** esbanja antioxidantes que combatem tumores

– O **GUARANÁ** é um poderoso estimulante e analgésico

– A **JABUTICABA** tem na casca um tesouro em antioxidantes, fibras e vitaminas

– A **PITANGA** é a mais rica das frutas em carotenóides, que também são antioxidantes

– O **PEQUI** é um recordista em vitamina A e em gorduras boas para o metabolismo

Carmen nem andava, mas já se sentava em uma cadeira alta, com as pernas longe do chão, se entrelaçando divertidamente, esperando a tigela. Antes de completar 1 ano, tomava açaí sozinha, quase feito gente grande – não fosse o fato de ficar roxa da cabeça aos pés. "Em casa, minha avó perguntava: 'O que tem de melhor no mundo?' E nós, irmãos e primos, respondíamos de pronto: açaí!", diverte-se. Em Belém é assim: açaí é paixão de infância, tema de música, inspiração de poemas. Basta uma volta pela cidade, no sol a pino do meio-dia, para avistar bandeirinhas vermelhas nas portas das casas, sinal de que ali ainda tem açaí para vender. Mas não se engane: por lá, não tem nada de misturar açaí com leite em pó, granola ou banana. "É um sacrilégio", avisa. Na casa da pequena Carmen, açaí sempre foi almoço, acompanhado de peixe frito, camarão ou charque. Ou, ainda, com farinha de tapioca e farinha-d'água. "Bem paraense!", diz.

A menina apaixonada por açaí cresceu, estudou engenharia química, tornou-se cientista e fez da sua paixão de infância seu trabalho. Desde 2006, ela se dedica a esmiuçar os caroços de açaí nos laboratórios do curso de engenharia mecânica da Universidade Federal do Pará, onde é professora, para conhecer as características e as propriedades de cada um de seus componentes. O objetivo é estudar possíveis usos para a montanha de resíduos que se acumula nos centros de beneficiamento do açaí, após a retirada da polpa. "Eu já era doutora em engenharia de materiais quando tomei conhecimento de que os comerciantes pagavam para se livrar de grandes volumes de resíduos do fruto. Imaginei o valor agregado que isso poderia ter e aí se plantou a semente do que viria a ser minha pesquisa", diz.

Em dez anos, ela e sua equipe descobriram que, além de suas famosas propriedades nutricionais, o açaí pode servir de base para a criação de tecnologias sustentáveis, como os compósitos, plásticos voltados para a aplicação na indústria, e os biopolímeros, que podem, por exemplo, ser usados na produção de próteses. "Tudo com um custo muito baixo. Ainda desejo que um dia os comerciantes vendam o que pagavam para se livrar", observa, orgulhosa e com a mesma empolgação de quando, criança, o açaí lhe aveludava a boca. Mas, agora, com os pés no chão.

"MEUS SONHOS: QUE UM DIA OS RESÍDUOS DA FRUTA DÊEM LUCRO – E QUE NUNCA ME FALTE AÇAÍ!"

Eu ❤ açaí | Carmen Dias, cientista e professora universitária

Eu ❤ a cozinha brasileira | Ana Luiza Trajano, chef e empresária

SÃO PAULO | SP

Brasilidade aplicada

"A cozinha escolhe a gente, não o contrário." É isso que Ana Luiza diz sempre que perguntam o motivo de ela ter enveredado pelo mundo da gastronomia. No caso dela, começou em casa. "Eu cresci rodeada de boas cozinheiras. Minha identidade alimentar veio do que a irmã da minha avó materna, mineira, preparava no fogão a lenha: tutu, couve, quiabada. E tem também o lado da minha avó paterna, que veio do Ceará e sempre teve orgulho de fazer coisas da sua raiz sertaneja, como farinha de mandioca, polvilho, carne de sol, paçoca."

Ana foi estudar na Itália e voltou disposta a entender algo que a intrigava desde menina: se a comida que a inspirou é tão boa, por que não é valorizada aqui como a de outros países? Com o objetivo de tirar a cozinha brasileira da coxia, ela iniciou em 2003 uma pesquisa sobre a cultura gastronômica do Brasil. Diante da acanhada literatura a respeito, foi *in loco* descobrir. Em um ano, percorreu 47 cidades de norte a sul do país. "Os mercados e as feiras eram meu ponto de partida porque, além de produtos, também têm gente que faz comida típica e quem possa indicar os produtores", conta. "Foi como cheguei à casa de farinha do seu Tomé, na comunidade do Carvão, no Amapá, por exemplo, onde até dormi para poder acompanhar a extração dos subprodutos da mandioca. No fim, preparamos um pato no tucupi."

Para Ana, o contato com pessoas que detêm os saberes é o que alimenta a cultura. Por isso, ela realiza pelo menos quatro expedições por ano. Já esteve com os índios iauanauá, no Acre; com produtores de queijo manteiga no Baixo São Francisco, em Sergipe; com criadores de vieiras na costa fluminense... "Quanto mais realidades conheço, mais valor dou à cozinha brasileira."

Seus estudos já renderam três livros e contribuíram para alguma mudança no cenário da gastronomia nacional. A começar pelos chefs, que, agora, fazem questão de ter ingredientes nacionais na bancada. Mas falta muito: as pessoas ainda escolhem restaurantes franceses ou italianos na hora de celebrar uma ocasião especial. "É fundamental que o nosso dia a dia privilegie o que é daqui", diz. Em sua casa, o dia começa com tapioca, pão de queijo, bolo de fubá. "E, se meus filhos não veem arroz com feijão no prato, perguntam: 'Não tem comida?'"

"SEMPRE ME PERGUNTEI POR QUE NÃO DAMOS VALOR À NOSSA COMIDA"

SABORES DO NOSSO QUINTAL

Ana indica seis ingredientes que todo brasileiro deveria conhecer e usar na cozinha:

ABÓBORAS: *o Brasil tem uma grande variedade, que pouca gente conhece: brasileira, paulista, caboclo, de pescoço, de leite, japonesa... Pode ser entrada, prato principal e sobremesa. "Abóbora fica bem até no churrasco!", diz*

BARU: *fruto de uma árvore típica do cerrado. "A castanha, quando torrada, lembra o amendoim e pode substituí-lo em receitas típicas, como paçoca e pé de moleque"*

LICURI: *um coquinho de uma palmeira típica das regiões secas. "Com ele, se fabricam licores, cocadas e um óleo delicioso", diz. Combina com chocolate, granolas e farofas*

MANDIOCA E SEUS DERIVADOS: *muito além da raiz, da goma de tapioca e da farofa, a mandioca origina o tucupi, o tucupi negro, o polvilho e uma diversidade imensa de farinhas ainda pouco conhecidas fora do norte e nordeste. Vale garimpar em mercados e viagens*

MAXIXE: *legume liso ou espinhento e verde, que Ana considera o pepino brasileiro. "A conserva fica deliciosa!"*

PUXURI E CUMARU: *são sementes da Amazônia. "Lembram noz-moscada e baunilha, ainda mais cheirosas!", conta Ana. Para doces e salgados*

CURITIBA | PR

Eu ❤ fazer doces de festa | Veridiana Fragoso, confeiteira e empresária

Doce ofício

TRUQUE DE CONFEITEIRA

Duas dicas da Veri para arrasar na próxima festa:

– Para o **BRIGADEIRO FICAR CREMOSO** *por mais dias, misture na panela no fim do preparo, uma colher de chá de mel. Se precisar, adicione um pouco mais de chocolate em pó, para reforçar o sabor*

– Para o **BOLO NÃO FICAR SECO,** *coloque um copo de água no forno enquanto ele assa. O vapor ajuda a manter a umidade da massa. Mas cuidado: o copo precisa ser resistente ao calor, de vidro ou alumínio*

Quando Veri completou 10 anos, sua mãe fez uma árvore de Natal diferente. Em vez de bolas, usou pirulitos de chocolate. "Foi uma delícia. Aquele sabor ficou marcado na minha cabeça", conta. A mãe, Maria, sempre gostou de fazer doces. Chegou a ter uma bomboniêre, e, quando a loja fechou, passou a fazer pão de mel para vender. "Não era por necessidade, era por puro gosto mesmo", diz Veri, que ajudava a mãe vendendo os doces na faculdade, no curso de teatro e nos escritórios de direito em que trabalhava. "Eu adorava vender, ter esse contato com os clientes."

Depois de fazer pós-graduação em direito empresarial, Veri pôs na cabeça que queria abrir sua loja de doces. Nessa época, recebeu um telefonema: "Você faria os doces do meu casamento?", perguntou uma amiga. Foi um sinal, que virou o pontapé necessário para transformar a vontade em realidade.

No mesmo mês, dona Maria fez um curso de doces de festa e Veri, de bolos. "Eu achava que só tinha talento para comer", brinca. Mas acabou se saindo a melhor aluna da turma. Hoje, sua empresa, a Veri Fragoso, chega a fazer 14 festas por fim de semana. De lá, saem mais de 200 tipos de doces, do simples brigadeiro ao sofisticado porta-joias, bombom em formato de coração, recheado com trufa. Isso sem falar nos bolos. Isso sem falar nas noivas...

"No começo do ano, uma noiva pediu um bolo, mas ela não queria pasta americana. Sugeri fazer com placas de chocolate. Mas ela não queria nada marrom. Então, chocolate branco. Ela disse que odiava chocolate branco." Ao buscar uma solução, Veri encontrou o bolo de rolo de vários andares. A noiva adorou, e Veri descobriu uma tendência. "O bolo de rolo é o novo *naked cake*!", conta. O que não pode é perder o entusiasmo nem o carinho. "Quando a gente está irritada, não dá certo. Parece que o doce sente. Sem paixão, ele não sai."

PIRENÓPOLIS | GO

Eu ♥ fazer compotas | Doraluzia de Oliveira, doceira

Com açúcar, com afeto

"Doce é assim: da feita que você aprende a fazer um, sabe fazer todos. É só misturar água, fruta e açúcar", diz Dora. "Mas tem de saber atingir o ponto certo!" Isso ela aprendeu de menina, entre tachos de cobre borbulhantes e raspas de doce na colher de pau, enquanto ouvia as histórias da avó. Na família de Dora, doce é herança e sustento. Ela se lembra de, desde que se entende por gente, auxiliar a mãe a preparar um doce de banana que ela vendia na folga do trabalho na roça. Quando se casou, a tradição continuou com a sogra, com quem aprendeu receitas que são passadas de geração em geração.

No dia em que a vida ficou mais difícil, Dora descobriu nos doces uma maneira de ajudar a pagar as contas da casa. Ela começou vendendo aos vizinhos. No boca a boca, a fama dos doces da Dora de Pirenópolis espalhou-se pelas cidades vizinhas. "A procura era tão grande que não tínhamos mais descanso", diverte-se. Com a ajuda de amigas que cederam tachos, gamelas, peneiras e colheres de pau, ela aumentou a produção e, em 1988, abriu a primeira loja especializada da cidade: a Dora Doces e Biscoitos. Em pouco tempo, suas compotas, como as de jaca, caju, cidra e até o controverso – mas delicioso – doce de jiló, tornaram a pequena cidade histórica goiana em parada obrigatória para turistas. Hoje, o marido e as três filhas estão envolvidos na fabricação caseira de quase 1 tonelada e meia de vidros de doces e outras 3 toneladas de biscoitos por mês. Com o tempo, outras lojas de doces foram abertas pelos casarios antigos de Pirenópolis, e a cidade, que já respirava tradição, ganhou aroma de açúcar queimando no tacho e fama de a maior cidade doceira do Brasil.

À MODA DA CASA

Mais 7 cidades famosas por uma especialidade:

– *Bueno de Andrada (SP) é a terra das* **COXINHAS**

– *Os* **DOCES** *de Pelotas (RS) são patrimônio cultural*

– *Bragança Paulista (SP) é conhecida pelas* **LINGUIÇAS**

– **PAMONHA** *de milho-verde, só se for de Piracicaba (SP)*

– *Os* **PASTÉIS** *são a maior atração de Jangada (MT)*

– *Piranguinho (MG) é a rainha do* **PÉ DE MOLEQUE**

– *Lagoa Dourada (MG) é a capital do* **ROCAMBOLE**

Eu ❤ defender a alimentação consciente | Glenn Makuta, biólogo

SÃO PAULO | SP

Comer para viver

Lutar pelo alimento bom e saudável para todas as pessoas, conservando a biodiversidade e aproximando produtor e consumidor. Levantar essa bandeira é tão trabalhoso quanto gratificante para Glenn, um dos ativistas do Slow Food, movimento internacional nascido em 1986 na Itália para defender uma forma mais consciente e sustentável de comer e produzir alimentos. O falecimento da mãe durante o primeiro ano da faculdade de biologia moldou a graduação de Glenn: em vez de tentar entender como remediar doenças, ele passou a questionar o que as causava. "A qualidade da água, do ar e do solo de onde obtemos recursos está comprometida. Precisamos regenerar o meio ambiente, a sociedade e nós mesmos", defende.

Uma das soluções apontadas por Glenn é a valorização da biodiversidade. Ele explica que, quando a eliminamos, ficamos mais dependentes de produtos químicos e sintéticos para nos alimentarmos do mesmo tipo de comida. "Hoje, a maior parte da produção agrícola no mundo se concentra no cultivo de 20 espécies de planta, sendo que há mais de 3 mil espécies comestíveis só no Brasil", exemplifica. Essa prática rejeita espécies incomuns, extingue diferentes formas de cultivo e, além disso, torna qualquer dieta monótona.

É por isso que um dos carros-chefes do Slow Food é a Arca do Gosto – um catálogo internacional de alimentos que estão sob risco de extinção devido à perda da biodiversidade. Vegetais, pescados, raças de animais, queijos, doces, embutidos e até modos de preparo são catalogados. O próximo passo é encontrar comunidades que preservem aquele alimento para transformá-las em Fortalezas Slow Food, investindo no local e estruturando-o para que a comida daquela região mantenha-se preservada. "Embarcar um produto na Arca significa transformá-lo em orgulho para aquela comunidade, porque damos visibilidade mundial ao alimento", justifica Glenn. Jatobá, mangaba, pirarucu e babaçu são alguns dos produtos do Brasil que já estão catalogados.

Para Glenn, comer deve ser acessível e saudável, mas também prazeroso e consciente. "A comida é o nosso elo com a vida, a terra e as pessoas. Escolher o que comemos também é escolher o que somos."

7 PRINCÍPIOS SLOW FOOD PARA SEGUIR

COMA ALIMENTOS BONS, LIMPOS E JUSTOS, que não explorem a natureza e remunerem devidamente o produtor

VALORIZE CADA GARFADA: respeite a comida e não desperdice

ENCURTE AS CADEIAS DE PRODUÇÃO, buscando comprar direto de um produtor local. Quando não for possível, rastreie a procedência do alimento para mensurar o impacto da sua comida no ambiente

DESINDUSTRIALIZE-SE! Alimentos ultraprocessados não têm valor nutricional nem cultural. Coma comida de verdade

ALIMENTE-SE DA BIODIVERSIDADE e tenha acesso a nutrientes mais incomuns, além de texturas e sabores novos. Em tempos de mudanças climáticas, prezar pela variedade é questão de sobrevivência

REDUZA O CONSUMO DE CARNE. A produção pecuária pode ser muito nociva para o meio ambiente. Preze por menor quantidade e melhor qualidade desse produto

EDUQUE-SE: você pode mudar o mundo a partir da mesa. Informar-se sobre alimentação, nutrição, agricultura e ecologia apura seu paladar e suas escolhas – e impacta o ambiente

"ESCOLHER O QUE COMEMOS TAMBÉM É ESCOLHER O QUE SOMOS"

Eu ♥ a culinária indígena | Denise Araújo, cozinheira

BOA VISTA | RR

Comida de índio

Denise nasceu no Rio Grande do Sul, passou a infância no Rio de Janeiro e a juventude no Amazonas. Quase sem perceber, a jornalista especializada em gastronomia acabou se interessando pela diversidade da culinária brasileira.

Na década de 90, Denise mudou-se definitivamente para Boa Vista. Ao pesquisar sobre a culinária tradicional de Roraima, estado com a maior proporção de índios do país, ela descobriu um universo rico de receitas e ingredientes vindo das nove etnias indígenas dominantes na região. "Há cerca de sete anos, conheci a índia Lídia Raposo. Ela foi me contando coisas sobre sua história, a força da pimenta para os povos indígenas e, por fim, apresentou-me suas panelas macuxi. É uma panela linda, feita com barro da região da Raposa Serra do Sol. Naquelas aldeias, fazer panelas é uma tradição que é passada de mãe para filha. Nela, estão embutidos muita simbologia, misticismo e a história da etnia macuxi", diz Denise.

Junto com a panela, Denise conheceu a damurida, um prato indígena feito com peixe ou caça moqueados (quando a carne é seca na fumaça, como um defumado). À primeira vista, parece um ensopado. Na boca, porém, uma surpresa picante. "Para fazer a damurida, os índios maceram pimentas de muitas espécies e as colocam na água. Enquanto a carne da caça – paca, tatu, macaco, porco-do-mato ou peixes, como o tambaqui – seca na brasa, a mistura ferve no fogo, acrescida de folhas da pimenteira. Por fim, caldo e carne se misturam e ganham o toque do tucupi negro. "É um prato para os fortes!", diz Denise. Para acompanhar, beiju de mandioca, que nada tem a ver com a receita que o resto do Brasil conhece. "O beiju dos índios é duro. Usado como uma colher, vai desmanchando no prato até virar um pirão."

Envolvida pelo sabor da damurida, Denise passou a pesquisar novas receitas e vivenciar as tradições amazônicas junto dos próprios índios de diferentes tribos. "A culinária indígena no Brasil é pouco registrada em livros", diz. Ela aprendeu então a cozinhar os pratos e tomou para si o papel de divulgadora desse lado gastronômico desconhecido no resto do país. O que Denise aprende compartilha em cursos e festivais de gastronomia por todo o Brasil. "Levo as panelas macuxi em toda viagem que faço." Na bagagem, viajam também as histórias de uma cultura milenar, que corre o risco de se extinguir junto com suas tribos. "A vida de um povo pode ser contada também por suas comidas. É a história do Brasil, que não se pode perder."

BANQUETE NA TRIBO

As receitas da culinária indígena usam muita mandioca, folhas, pimenta e peixe. Conheça alguns preparos de tribos da Região Norte colecionados por Denise:

ARUBÉ: *molho de pimentas cozidas e misturadas na massa de mandioca, usado como tempero*

CAXIRI: *preparada em momentos de festa e eventos, é uma bebida fermentada feita com mandioca cozida. A versão à base de beiju chama-se pajuaru*

DAMURIDA: *carne de caça ou peixe seco na brasa, ensopado com vários tipos de pimentas e suas folhas, mandioca e tucupi*

MOCORORÓ: *bebida de alto teor alcoólico, produzida com caju*

PÉ DE MOLEQUE: *bolo feito com castanhas e farinha de carimã, obtida da fermentação da raiz de mandioca. É assado envolvido na folha de bananeira*

POPEKA: *peixe de rio envolvido na folha de bananeira, cacau ou bacaba, assado na brasa*

QUINHAPIRA: *caldo com peixe moqueado (assado na brasa até secar e defumar), pimentas, tucupi negro e formiga-saúva*

"A VIDA DE UM POVO PODE SER CONTADA PELA COMIDA. É A HISTÓRIA DO BRASIL, QUE NÃO SE PODE PERDER"

Eu ♥ comida kosher | Ezra Dayan, rabino

SÃO PAULO | SP

Comer com fé

COMIDA & RELIGIÃO

Se hoje a comunidade judaica brasileira tem um cardápio com mais de 4 mil produtos liberados para consumo, ela tem a quem agradecer. Há mais de dez anos, a missão de Ezra é trabalhar para aumentar o poder de escolha de quem se alimenta com comida kosher (ou "casher", em hebraico, cujo significado é "apropriado" ou "adequado").

Os produtos com esse selo são os que passaram por uma inspeção especial de acordo com normas da *Bíblia* e do *Talmud*, o livro sagrado dos judeus, indo desde o abate de animais – que precisa ser feito com uma lâmina fina e de maneira rápida para evitar o sofrimento – até o plantio, irrigação e colheita de vegetais – que precisam ser inspecionados por um judeu. Hoje, o trabalho do rabino é observar e analisar a origem dos ingredientes, os processos e equipamentos pelos quais o alimento passa para poder ganhar o selo kosher. "Dessa forma, conseguimos expandir o mercado para grandes indústrias e facilitar a vida de quem quer se alimentar melhor, mas respeitando as normas da religião", explica.

O que antes eram restrições que impediam judeus de consumir determinados alimentos, hoje são reinvenções no mundo da indústria alimentícia, das quais Ezra tem orgulho de ter feito parte. Atualmente, mais de 350 fábricas se desdobram para atender os consumidores kosher. Uma empresa de cookies de São Paulo, por exemplo, permite que clientes judeus acendam o forno para assar o biscoito que desejam (produtos com laticínios só recebem o selo de certificação quando um judeu observante inspeciona todo o processo de fabricação). No caso do vinho, uma bebida com vasto histórico religioso, todo o processo que veio após a colheita precisou ser feito por judeus, inclusive apertar os botões das máquinas durante a fabricação do produto. "Foi então o caso de juntar uma equipe e passar semanas em vinhedos no sul do Brasil trabalhando", conta Ezra.

O rabino diz que não é uma missão fácil. Mas, para ele, o mais importante é garantir que mais pessoas continuem praticando sua religião sem sofrimento nem frustração na hora de se alimentar. "Agora, ninguém precisa viver só de pão, leite e atum", brinca. "Às vezes, famílias judaicas me param na rua porque conhecem meu trabalho. Houve pais que me apresentaram aos filhos dizendo que aquele sorvete de que eles tanto gostam foi liberado por mim. É isso que faz o meu trabalho valer a pena."

Conheça outras tradições religiosas relacionadas à comida:

ADVENTISTAS, *um ramo do protestantismo, não comem carne suína*

BUDISTAS *e* **HARE KRISHNAS** *costumam ser adeptos do vegetarianismo, pois ambas as religiões pregam a não violência e veem o consumo de produtos de origem animal como uma agressão à natureza*

No **CANDOMBLÉ,** *um filho de santo deve seguir as prescrições da dieta de seu orixá. Um filho de Oxalá, por exemplo, não utiliza azeite de dendê*

CATÓLICOS *devem fazer jejum nos 40 dias antes da Páscoa e se abster de carne vermelha na Sexta-Feira Santa*

MUÇULMANOS *seguem regras rígidas e só consomem alimentos com selo hallal. Uma das muitas normas de produção envolve dizer "Bismillah" (traduzido, a frase "em nome de Deus") no momento da degola do animal*

"AGORA, OS JUDEUS NÃO PRECISAM VIVER SÓ DE PÃO, LEITE E ATUM"

CARMO DE PARANAÍBA | MG

De grão em grão

De café, Ana Maria entende. Há 24 anos, a fazendeira acompanha com afinco cada detalhe da sua produção, do plantio à venda. Sua propriedade, com 245 hectares, fica na região do cerrado mineiro, a primeira do país a ter o café reconhecido com o selo de Denominação de Origem, em 2014.

Isso significa que o produto de lá é especial, resultado da combinação entre altitude, clima, solo, relevo e manejo. Com alta qualidade, ele possui aroma e sabor que não podem ser encontrados em nenhum outro lugar do mundo. A região tem 4.500 cafeicultores e é responsável por plantar 13% do café brasileiro, com produção média de 5 milhões de sacas por ano. "Conseguimos quebrar o paradigma de que o Brasil só vende café ruim", afirma Ana Maria.

Para receber a certificação, o produtor deve cumprir uma série de exigências. Os cafeeiros, necessariamente da espécie arábica, têm de ser cultivados a pelo menos 800 metros acima do nível do mar. Além disso, é preciso respeitar as leis trabalhistas e ambientais. "Temos de cuidar do café do plantio à xícara", diz.

Quem a vê falando com tanto gosto sobre a cafeicultura nem imagina que foi uma tragédia que a levou para esse caminho. Seu marido, que administrava os negócios da família, faleceu aos 36 anos, vítima de um súbito derrame cerebral. Com dois filhos pequenos para criar, Ana Maria ficou sem chão. "Até então, eu só ia à fazenda a passeio. Não tinha nem ideia de quantos pés de café havia lá", conta. Perdida sobre qual rumo seguir, ela acabou contratando um gerente para administrar a fazenda. Um ano mais tarde, ao folhear um jornal, deparou com o anúncio de um curso de administração rural e decidiu se matricular. "Foi um sinal. Abri os olhos e resolvi tomar as rédeas do negócio."

Em 1992, Ana Maria era a única mulher a comandar uma fazenda na região. Com os cafeicultores mais experientes, ela aprendeu não só a cuidar da plantação, mas também a analisar o sobe e desce da bolsa de valores, para saber o momento mais oportuno de vender a produção. Teve sorte de só encontrar apoio. "Nunca sofri preconceito por ser mulher. Todos me ajudaram desde o início", diz.

Hoje, é ela quem ensina tudo o que sabe aos filhos, Carlos Henrique e José Eduardo. Depois de duas décadas de trabalho duro, está feliz em poder passar adiante as suas conquistas. "O café me fez sentir uma profissional. Tenho muito orgulho de ter me tornado uma cafeicultora do cerrado mineiro."

10 DICAS PARA PREPARAR UM CAFÉ PERFEITO

1 Use água filtrada ou mineral: o cloro presente na água da torneira pode alterar o sabor do café

2 Desligue o fogo um pouco antes de a água levantar fervura: a água quente demais pode queimar o pó e amargar a bebida

3 Escolha um filtro de papel do mesmo tamanho do porta-filtro

4 Escalde-o para tirar o gosto de papel

5 Espalhe o pó de maneira uniforme pelo coador, mas sem apertá-lo

6 Comece molhando pelas beiradas do coador

7 Em seguida, jogue água lentamente no centro e não mexa com a colher

8 Não deixe que a passagem da água exceda cinco minutos

9 Armazene o pó em um recipiente hermético

10 Guarde o pote em um lugar seco, arejado e protegido da luz. Evite a geladeira

"CONSEGUIMOS QUEBRAR O PARADIGMA DE QUE O BRASIL SÓ VENDE CAFÉ RUIM"

Eu ❤ café | Ana Maria Menezes Mendonça, cafeicultora

SÃO PAULO | SP

Eu ❤ os ingredientes brasileiros | Marc Le Dantec, chef

Comida com sotaque

É DO BRASIL!

Vai cozinhar para alguém de fora? Marc indica cinco ingredientes nacionais para você incluir no cardápio: **PALMITO-PUPUNHA, MANDIOQUINHA, JABUTICABA, CUPUAÇU E CAJU.** "Esses sabores apaixonam qualquer estrangeiro", jura. "No couvert ou no café, não deixe faltar pão de queijo. Para beber, drinques com cachaça e frutas tropicais."

O francês Marc descobriu o Brasil no dia 22 de abril. Desembarcou bem na costa onde Cabral aportou com suas naus, em um lugar rodeado de mata nativa. Era o povoado de Santo André, no sul da Bahia, onde foi morar depois que aceitou o convite do famoso chef Laurent Suaudeau para representá-lo em um restaurante de Santa Cruz Cabrália. "A coincidência foi engraçada. Parecia que eu estava predestinado a vir para cá."

Isso já tem 16 anos. Com Suaudeau e o chef piauiense Nain, que também trabalhava no restaurante, Marc conheceu muitos ingredientes brasileiros. E, a cada dia naquele lugar paradisíaco, deparava com vários outros. "Havia uma aroeira no meu quintal. Uma praia em frente, onde os pescadores paravam com peixes e frutos do mar fresquinhos. Alguém sempre surgia com guaiamuns e aratus, do manguezal, e até com pitu, da lagoa. Tinha uma comunidade de índios que vendia abacaxi. Tinha ervas como mastruz e coentro. Muito coco, cacau – eu me apaixonei pelo suco dessa fruta quando provei. É de uma delicadeza!"

Marc gosta de aprender sobre o que é típico de cada local. Explorando os repertórios, ele desenvolve suas criações. "Ainda lembro da primeira receita que elaborei aqui: um peixe em crosta de castanha de caju e limão-siciliano, com purê de pupunha e queijo boursin." Seu trabalho não tem a ver com reinterpretar pratos, e sim com incorporar ingredientes nacionais a eles. Por exemplo, fazer um creme *brulée*, mas de abóbora pescoço.

Algo importante para Marc, que hoje vive em São Paulo, é basear as escolhas de suas criações em produtos frescos. "Muita coisa nasceu quando eu estava na feira. Foi assim com o *ratatouille* à brasileira, em que usei batata-doce, banana-da-terra e maxixe." É um costume que trouxe da infância, quando passava as férias plantando, pescando e caçando com o avô. A avó se encarregava de cozinhar o que conseguiam. E como comiam bem! "Hoje, a minha busca é por qualidade de vida. E isso acaba aparecendo em tudo o que faço."

FORTALEZA | CE

Nós ❤ sorvete | Simão de Vasconcelos Neto, e Neusa Vasconcelos, empresários

Tipicamente gelados

Na sorveteria 50 Sabores, a mais conhecida de Fortaleza, tem sorvete de caju, seriguela, cajá, graviola, sapoti e tapioca. Mas nem sempre foi assim. Quando o casal Neusa e Raimundo Vasconcelos abriu a sua primeira loja em 1975, com o nome de Sorveteria Tropical, a lista de opções não ia muito além do morango e chocolate.

Foi com a abertura da filial da Avenida Beira-Mar, em 1984, que veio a ideia de explorar o gosto do Nordeste. "A gente recebia muitos turistas, e eles sempre procuravam sabores típicos", diz Neusa. Foi até montada uma fruteira para apresentar aquelas frutas tão exóticas, que ninguém conhecia. "Os turistas ficavam doidos, tiravam fotos, queriam experimentar vários sorvetes", conta Neusa. Não demorou muito para que os 50 sabores ficassem só no nome – no balcão, o cliente tem hoje a tarefa de escolher entre 160 opções.

Toda a sabedoria no preparo do sorvete veio de seu Raimundo, que aprendeu a fazer a massa com um cunhado, ainda jovem. Quando, em 1988, descobriu um câncer, tratou de ensinar a receita para a esposa e pôs o único filho, Simão, para trabalhar e entender o negócio da família. "Cresci dentro da sorveteria. Com 16 anos, eu já ajudava a minha mãe pela manhã e comprava frutas e insumos para a fábrica", lembra Simão.

Hoje, Neusa e Simão são as mãos, os olhos e o coração da sorveteria mais querida da cidade. Mãe e filho estão sempre pesquisando e testando ingredientes. Os sabores novos são desenvolvidos no "laboratório de fabricação", como gostam de dizer. De lá, saíram sorvetes como o "qualquer coisa" – sucesso absoluto, feito de biscoito, maracujá, coco e cajá –, o "caipirinha", que levou mais de seis meses para ser desenvolvido, e o gostoso "obama", com massa de coco e pedaços de chocolate e doce de leite. Tudo feito do zero, diariamente, sorvete a sorvete. "Não usamos massa de base com saborizantes, nem conservantes, como a maioria faz. Aqui, uma receita é completamente diferente da outra e tudo é artesanal."

SABOR DO DIA

Deu vontade de tomar um sorvete de fruta? Para fazer **ESTA RECEITA CASEIRA, VOCÊ SÓ PRECISA DE TRÊS BANANAS BEM MADURAS.** *Descasque-as, corte-as em rodelas e coloque-as no freezer por três horas. Bata as bananas congeladas no processador ou no liquidificador até virar uma mistura cremosa. Pronto! Você pode variar os sabores batendo junto outras frutas congeladas.*

SÃO PAULO | SP

Cores, perfumes e sabores

CHAI MASALA

INGREDIENTES
- ½ xícara (de chá) de canela em pau
- ½ colher (de sopa) de cardamomo verde
- ½ colher (de sopa) de pimenta-do-reino preta
- 1 colher (de sopa) de cravo-da-índia
- 1 colher (de sopa) de gengibre seco
- 2 e ½ colheres (de sopa) de erva-doce

COMO FAZER:
Em uma panela, ponha a canela e aqueça por dois minutos. Junte o cardamomo, a pimenta, o cravo e o gengibre e aqueça mais um pouco. Tire do fogo, espere esfriar e bata tudo no liquidificador. Aí é só juntar a erva-doce e o chai masala está pronto. Para preparar o chá, ferva 250 ml de água, 250 ml de leite e 3 colheres (de chá) de chai masala. Apague o fogo e coloque 2 saquinhos de chá preto. Abafe por 5 minutos, coe e adoce a gosto.

Marcelo estava no início da carreira de advogado quando se apaixonou pelo mundo das ervas e especiarias. Tudo começou ao conhecer a culinária indiana. "Naquela época, em 2001, não se ouvia falar muito de outras especiarias no Brasil, a não ser cravo, canela e pimenta. Aí descobri as masalas – um termo da culinária indiana utilizado para se referir à mistura de especiarias e ervas. E vi que havia não só uma infinidade delas, como também diferentes usos para cada mix: pratos salgados, doces, bebidas e até tratamentos da medicina ayurvédica."

Encantado, Marcelo partiu para as próprias misturas. A dificuldade para encontrar os ingredientes na quantidade e na qualidade adequadas apontou uma brecha no mercado. Então, depois de passar um tempo vendendo masalas em uma feirinha de domingo, abriu sua loja, a Grão-Vizir Masalas & Especiarias. No início, o foco estava nas tradicionais, como a chai masala, um mistura para chá; o típico garam masala indiano, que junta pimentas-do-reino preta e branca, cravo, canela, macis, cardamomo, louro e cominho; o famoso curry de madras, que leva oito especiarias; e o tandoori, um tempero popular de frango, que leva 13 ingredientes.

Pesquisando, Marcelo foi além da Índia e deparou com especiarias brasileiras mais raras, como a baunilha do cerrado e o cumaru, uma semente aromática da Amazônia. E entendeu por que outras delícias do mundo, como o açafrão-verdadeiro (não o "da terra"), são tão caras: "Ele é obtido do pistilo das flores. Uma coisa muito delicada, que exige colheita manual e uma quantidade astronômica para render um pote". As suas viagens também são oportunidade para conhecer novos ingredientes. Na última, para o Chile, foi apresentado ao picante merken e à ricarica, uma erva que nasce no meio das pedras do deserto do Atacama.

Marcelo orienta os clientes com o conhecimento adquirido, mas também gosta de ouvir. "Adoro trocar experiências, saber como usaram, com o que combinou, que sabor teve. Depois, testo em casa", conta. "Outro dia usei canela em um molho de tomate com manjericão fresco e ficou surpreendente." A demanda do público por especiarias vem aumentando, diz ele, mas ainda é difícil romper a barreira dos costumes mais, digamos, conservadores. "Certa vez fiz um molho com masala para a minha avó experimentar e ela perguntou: 'Mas não dá para colocar orégano?'"

"ADORO TROCAR EXPERIÊNCIAS COM OS MEUS CLIENTES. DEPOIS, TESTO TUDO EM CASA"

Eu ❤ especiarias | Marcelo Nastari, advogado e empresário

BELÉM | PA

Prato do dia

"Quem disse que comida brasileira não pode ser vegetariana?" Assim foi anunciado o vencedor da edição de 2013 do concurso nacional do Melhor Prato Feito do Brasil, prêmio organizado pela Ticket, que reconhece receitas boas e baratas preparadas com ingredientes nacionais. O campeão daquele ano foi a maniçoba lactovegetariana, o prato mais pedido do Govinda, restaurante vegetariano de Belém. "Foi uma surpresa enorme. Eu jamais achei que teríamos alguma chance", lembra Ivaneid, a proprietária e chef responsável pela receita.

A maniçoba é uma espécie de feijoada paraense, e a versão lactovegetariana – que não leva carne nem ovos, mas pode usar laticínios – é feita com maniva (a folha da mandioca), chicória, proteína de soja, salsicha vegetariana, castanha e provolone defumado. "Como a maniva é venenosa, precisa ser cozida por sete dias. Por isso, é um prato que demora para ser feito", explica Francisco, marido de Ivaneid, que faz as compras, cuida da parte administrativa e ajuda no atendimento do restaurante.

Mas essa não é a única estrela do Govinda, que oferece todos os dias três opções de prato feito. Em 2014, outro PF do cardápio levou o bicampeonato de o melhor do Brasil: o vatapá vegetariano, servido com cuscuz de brócolis, arroz com castanhas e acarajé. Ivaneid diz que o segredo é o sabor – uma comida tão gostosa que a carne não faz falta. Tanto que a maioria dos seus clientes, paraenses que se renderam à culinária lactovegetariana com toque de cozinha indiana, nem vegetariana é. "Nosso trabalho tem um termômetro diário, porque todos os dias somos avaliados pelo cliente", diz Francisco.

Além do tempero secreto e das misturas criativas, Ivaneid acredita que a oração é parte essencial do preparo dos alimentos. "A comida é uma bênção, algo pelo qual sempre temos de agradecer", diz. Ela e Francisco são hare krishnas e, por causa da religião, tornaram-se vegetarianos na adolescência. "Acreditamos que toda forma de vida é uma extensão de Deus", explica Francisco. Os dois viveram por muitos anos em templos, onde se conheceram e aprenderam a cozinhar de acordo com os preceitos hare krishna. Na cozinha do Govinda, exercem suas crenças. "Queremos mostrar a todos que a cozinha vegetariana, não violenta, pode ser muito saborosa", diz Ivaneid.

GERSAL PARA TODOS

O PF campeão de vendas do Govinda vem acompanhado de arroz integral com jambu, farofa e banana-verde frita com gersal, um tempero vegetariano que mistura gergelim e sal, e dá sabor sem pesar no sódio. O tempero também pode ser usado para substituir o sal em vários pratos, saladas e molhos. Para fazer em casa, junte 13 colheres de sopa de gergelim com 1 colher de sopa de sal marinho. Toste a mistura em uma frigideira em fogo médio. Deixe esfriar e, então, bata no liquidificador. Pronto!

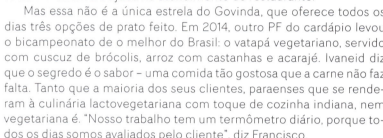

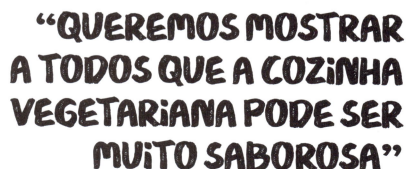

"QUEREMOS MOSTRAR A TODOS QUE A COZINHA VEGETARIANA PODE SER MUITO SABOROSA"

Nós ❤ alimentar o corpo, a mente e a alma | Ivaneid Gomes, chef, e Francisco Netto, administrador de empresas

CAMPINA DO MONTE ALEGRE | SP

Direto do pé

MAIS DOCE QUE O DOCE

Só diz que "fruta não é sobremesa" quem não conhece a fazenda de Helton. Entre as mais de 1.400 espécies que cultiva – das quais 1100 são brasileiras –, há uma que tem gosto de pipoca doce, outra que parece doce de marmelo e até uma com sabor de leite condensado. "Para mim, as frutas são sabor e saber", diz o frutólogo. A profissão foi criada pelo próprio Helton para explicar seu trabalho: identificar, cultivar e divulgar frutas raras ou desconhecidas da nossa terra.

Autodidata, o agricultor familiar começou a plantar suas primeiras mudas em 1998. À medida que a "coleção" ia crescendo, Helton começou a receber pedidos de um vasinho de planta aqui, uma muda acolá. E, assim, em 2005, o paulista percebeu que sua paixão poderia se tornar o seu sustento. Construiu um viveiro que leva o nome de Saputá – a primeira fruta rara de que tomou conhecimento, ainda na adolescência. Hoje, gasta seus dias escrevendo artigos e livros sobre o assunto, dando palestras, cuidando de seu enorme pomar, recebendo curiosos no sítio, fazendo expedições na mata em busca de novas espécies e, é claro, provando inúmeras frutas direto do pé. "Essa rotina é o maior prazer da minha vida. A cada dois ou três meses, faço uma nova descoberta."

Helton vê seu trabalho como uma chance de aproximar cada vez mais curiosos de milhares de delícias naturais ainda pouquíssimo conhecidas. Ele acredita que essa é a chave para que as pessoas valorizem a biodiversidade brasileira e se preocupem com a preservação das florestas. "Quero resgatar as frutas antes que as espécies sejam destruídas, para que mais gente possa cultivá-las", diz. De quebra, acaba-se com a monotonia. "Hoje, o Brasil tem mais de 4 mil espécies de frutas comestíveis catalogadas. Quanto mais gente tiver acesso a elas, maior será a probabilidade de criarmos outros produtos, como bebidas, doces e sorvetes autenticamente brasileiros. E aí, eu saberei que meu trabalho de preservação teve efeito."

Algumas frutas do pomar de Helton que valem por uma sobremesa:

ABIURANA (Pouteria torta), *que parece leite condensado*

CAMBUÍ ROXO (Eugenia candolleana), *lembra cereja em calda*

INGÁ-AÇU (Inga macrophylla), *parece algodão-doce*

MAMEY (Pouteria sapota), *tem gosto, cor e textura de doce de abóbora*

MAMORANA (Bombacopis glaba), *lembra chocolate branco com coco*

MUCITAÍBA (Zollernia ilicifolia), *tem sabor de pipoca doce*

PURUNA (Cordieria sessilis), *com gosto de doce de marmelo*

SAPOTA PRETA (Diospyros digyna), *parece pudim de chocolate*

"CONHECER – E PROVAR – FRUTAS RARAS É O MAIOR PRAZER DA MINHA VIDA"

Eu ❤ frutas exóticas | Helton Josué Muniz, frutólogo

RIO DE JANEIRO | **RJ**

De pessoas e panelas

UTENSÍLIOS ESSENCIAIS

Uma lista básica para começar a cozinhar como gente grande:

– Uma **FACA DO CHEF**, pesada e bem afiada

– Um conjunto de **PANELAS DE INOX DE FUNDO TRIPLO**, que distribuem bem o calor

– Uma boa **FRIGIDEIRA DE FERRO**, que dá cor e sabor

– Balança, **XÍCARAS E COLHERES MEDIDORAS**

– Um **FUÊ** para misturar e aerar ingredientes

– Um **MOEDOR** de pimenta

– Um **DESCASCADOR** de legumes bem afiado

– Um **PROCESSADOR** de alimentos poderoso

– Uma boa **TÁBUA** de picar

Gente em volta da mesa, comida gostosa, boa conversa, risadas. Foi nesse ambiente, permeado por aromas, sabores e afeto, que Manu cresceu. Talvez por isso tenha desenvolvido tanto gosto por cozinhar. Menina, ela vivia fazendo as sobremesas que aprendia com a avó italiana. Depois pedia à mãe, jornalista, para vendê-las aos amigos na redação. Perto dos 20 anos, passou uma temporada na Austrália para estudar inglês e voltou com um curso de culinária na bagagem. Não demorou a entender que era paixão de verdade e foi fundo na proposta: virou personal chef, preparando almoços e jantares na casa de quem contratasse o serviço; fez cursos mundo afora, passando por Índia, Malásia, Marrocos e Tailândia; trabalhou como assistente do chef no Hilton Hotel de Londres.

Mas foi quando retornou ao Brasil, no fim de 2007, que teve sua grande ideia. "Algumas amigas queriam aprender a preparar pratos que eu tinha conhecido pelo mundo. Então, percebi um nicho: ensinar." Como cozinhar, para ela, sempre teve a ver com aquele ambiente de conversa da infância, batizou o projeto de aulas de Prosa na Cozinha. No início, elas aconteciam no apartamento da mãe. Em 2013, passaram para uma casa antiga no Jardim Botânico. Com a mudança, Manu pôde ampliar a programação, incluindo aulas com outros chefs e profissionais da área, e ainda abrir o espaço para almoços executivos e eventos. O Prosa cresceu tanto que está indo para a segunda unidade. "Os alunos são desde iniciantes, que não têm ideia do que é refogar, até pessoas da área que querem ampliar seu repertório", conta Manu. "Por isso, há muita troca."

Na sua cozinha, ela ensina de tudo um pouco. "Dou aulas de variações de um prato específico, como risoto – que é o maior sucesso da escola. E também de cozinhas tailandesa, portuguesa, baiana... Tem ainda curso de menus completos, com entrada, prato principal e sobremesa. Vou cozinhando e ensinando, mostrando truques para não deixar o polvo ficar duro, para fazer uma boa calda..." É disso que Manu gosta: fazer comida boa, ter gente feliz em volta da mesa, ensinar e aprender. "Eu amo cozinhar. Acho que é uma das coisas que mais aproximam as pessoas porque tem muito de generosidade. Quando a gente cozinha, se dedica para alimentar o outro."

"COZINHA É GENEROSIDADE, APROXIMA AS PESSOAS"

Eu ❤ reunir pessoas em torno da comida | Manu Zappa, professora de culinária

MANAUS | AM

Nós ❤ comida de boteco | Alysson Lima, e Luana Correa, donos de bar

Alta baixa gastronomia

12 CLÁSSICOS DE BOTECO

Prestigie nossa culinária! Uma dúzia de ícones da baixa gastronomia brasileira, para pedir na próxima visita ao bar:

1. Coxinha
2. Bolinho de bacalhau
3. Croquete de carne
4. Mandioca frita
5. Empada de camarão
6. Pastel de carne
7. Bolovo
8. Carne-seca acebolada
9. Bolinho de arroz
10. Calabresa na cachaça
11. Iscas de peixe
12. Torresminhos

Alysson só tem a agradecer pelo orçamento apertado em seus primeiros anos de empresário. Quando abriu seu boteco, em 2007, precisou cuidar de cada centavo: contava apenas com a esposa, Luana, durante o expediente; as mesas foram improvisadas; e os petiscos precisavam ser simples. Mas com empanados sempre no ponto, o casal conquistou a vizinhança.

A prática em buscar saídas criativas fez a diferença quando, em 2015, um amigo comentou sobre um concurso nacional de comidas de boteco. Era a chance de ganhar visibilidade fazendo algo delicioso e autoral. Para Alysson, aí está o segredo da boa baixa gastronomia: receitas simples, cheias de sabor e com preço justo. "A diferença da gente em relação ao restaurante é que não usamos ingredientes sofisticados", diz. "Mas, ainda assim, é possível inovar e surpreender o cliente."

A primeira decisão foi usar a macaxeira. E daí, dá-lhe testes. "Era como entrar em um laboratório toda vez que tínhamos uma ideia", diz Alysson. Durante quatro meses, ele e Luana fizeram inúmeras tentativas. Dele, vinha a vontade de criar algo prático; dela, a criatividade de quem já havia morado na Itália e não tinha medo de experimentar. E assim nasceu o curruíra molhado: um bolinho frito com massa de macaxeira e mussarela e recheio de provolone. O petisco foi o campeão estadual do concurso Comida di Buteco e virou hit do bar. E o casal está só começando. "Queremos criar algo que se torne obrigatório em uma visita a Manaus. A ideia é comer com prazer para se satisfazer."

SÃO PAULO | SP

Eu ❤ ser mestre-charcuteiro | Edson Navarro, empresário

Alquimia da carne

Era no porão de uma casa no bairro do Ipiranga, em São Paulo, que tudo acontecia. Navarro, ainda garoto, adorava passar horas enfiado ali ao lado do avô italiano, observando como ele manuseava e preparava as peças de carne para fazer salame, linguiça, copa. O sabor, que já era bom, ficava ainda melhor por trazer embutido o saber do avô. Assim, quando já tinha idade para lidar com facas e entender toda a alquimia envolvida no processo, ele começou a fazer os próprios produtos. Anos depois, em 2005, abriu em sociedade com o irmão a Curato Charcutaria Artesanal.

A maior parte de pancettas, presuntos, pastramis, paios e alheiras que produz vai para restaurantes. Mas Navarro reserva uma quantidade para a sua loja, uma para as suas aulas e outra, claro, para a mesa da família. "Adoro fazer espaguete à carbonara utilizando a pancetta arrotolata." A produção tem a ajuda da mulher. "Usamos cerca de 200 quilos de carne por mês. A maioria dos produtos passa por maturação, com sal de cura, açúcar e temperos." O salame demora cerca de 50 dias para curar. Já a linguiça de pernil, 25 dias. Se for um defumado, pode passar por longos períodos em processo de cozimento a baixa temperatura. Navarro gosta de mostrar a diferença entre seus produtos e os industrializados. E de contar histórias de quem valoriza os embutidos tanto quanto ele. "Outro dia, uma moça entrou na loja com seu sogro, um velhinho italiano. Ele foi experimentando a salumeria e, a certa altura, começou a chorar: aquele gosto trouxe lembranças da sua infância", conta. "Aquilo foi a coisa mais gratificante que vivi."

5 EMBUTIDOS PARA PROVAR

CULATELLO, embutido feito da traseira do porco

COPA TRADICIONAL, peça curada da nuca de suíno

BRESAOLA, embutido de carne bovina magra

PANCETTA, defumado feito da barriga do porco

MORCILLA, linguiça feita com sangue de suíno

DICA DE CHARCUTEIRO
Para apurar o paladar, coma um pedaço de pão entre uma carne e outra. Acompanhe sua tábua com um vinho tinto seco

SÃO PAULO | SP

É dia de feira!

5 BOAS RAZÕES PARA COMPRAR NA FEIRA

1 Os alimentos vêm direto dos produtores e são repostos diariamente, por isso são mais frescos que os do supermercado.

2 Quando o assunto é atendimento, nada se compara: o feirante gosta de conversa, dá ideias de receitas, explica cada produto e prepara tudo do jeitinho que você quer.

3 Um passeio que enche a barriga: a feira é um dos poucos lugares em que é possível degustar o alimento antes de comprar. E ainda tem a barraca do pastel, do caldo de cana...

4 Tem preço para todos os bolsos. Quem chega cedinho paga mais pelo frescor, e quem precisa economizar pode esperar a hora da xepa.

5 O ambiente informal, colorido e ao ar livre torna as compras um passeio bem agradável.

Durante a infância, Rafael acordava às 2 horas da madrugada para acompanhar a família na venda de legumes em feiras de rua da Zona Oeste de São Paulo. "Eu praticamente nasci em uma banca de feira. Minha mãe insistia pra eu ficar em casa dormindo, mas eu queria acompanhar tudo. Achava aquilo o máximo", conta. Depois que a estrutura já estava montada e os produtos expostos, o garoto reunia cinco caixas de madeira e improvisava uma cama embaixo da barraca: aí, sim, era hora de dormir.

A especialidade da família, que estreou no ofício nos anos 70, com seus avós, são as mercadorias pré-processadas, como couve e mandioquinha cortadas, cenoura ralada e abóbora sem casca vendida em fatias. "Tinha um salão em casa onde cortávamos os produtos. Avós, tios, mãe, padrasto, todo mundo era envolvido no negócio", lembra ele.

O tempo passou, Rafael formou-se em tecnologia da informação, foi trabalhar na área, casou-se e saiu da casa dos pais. Mas a feira não saiu dele. Preocupado com a saúde da mãe e do padrasto, que passam até 15 horas por dia em pé, idealizou com a esposa, Jéssica, a Feira Delivery, um ônibus refrigerado e abastecido com produtos de hortifrúti que presta serviço a condomínios residenciais. "Foi tudo muito rápido. Tivemos a ideia, troquei meu carro e mais algum dinheiro pelo ônibus e eu mesmo fiz toda a adaptação. Em três meses, estávamos fazendo o primeiro teste", conta. Deu muito certo: a Feira Delivery, compacta, organizada e silenciosa, tem a agenda lotada. Visita seis condomínios, de terça a domingo, das 16 às 21 horas. "Esse horário atende a um novo perfil de família, em que homens e mulheres trabalham e a compra é feita na volta do expediente. Isso alterou o ritmo da feira, que caiu muito", diz.

Empreendedor, Rafael vê muitas vantagens em seu projeto. "Podemos facilitar o dia a dia do feirante – já está tudo pronto, é só estacionar! – e do cliente – que não precisa sair de casa." Dona Leonice e seu Uillian, os pais, até acharam a novidade interessante, mas ainda preferem ficar na rua. "Agora estamos criando uma banca móvel, que já desce do caminhão pronta, uma alternativa para ajudar na vida do feirante", afirma Rafael. Quem sabe desta vez os pais não acatam a ideia? Ele tem suas dúvidas. "Não importam o esforço e a sobrecarga, o feirante gosta do que faz!"

"A FEIRA PERDEU MUITO MOVIMENTO. POR ISSO, CRIAMOS A FEIRA DELIVERY"

Nós ❤ as oportunidades da feira | Rafael Rosa, e Jéssica Rosa, feirantes e empresários

BARRO PRETO | BA

O cacau e o sonho

"Muita gente ama chocolate, mas nunca viu o fruto do cacau de perto", comenta Patricia. Nascida e criada na região cacaueira do sul da Bahia, ela faz parte de uma geração que vem investindo na produção de chocolates orgânicos finos para reinventar, por meio de novos produtos, uma história de mais de um século de tradição. Desde 1896, sua família conserva o cacau cabruca na Fazenda São José, em Barro Preto, um município a 60 quilômetros de Ilhéus. Nessas terras, onde o cacau é cultivado à sombra da Mata Atlântica, preservando a floresta, Patricia aprendeu a amar a natureza e seus frutos. "Eu e minhas irmãs crescemos no meio do cacau. Andar no mato, tomar banho de rio, tudo isso faz parte das minhas memórias."

No fim dos anos 1980, eram seus pais que estavam à frente da fazenda quando a praga vassoura-de-bruxa invadiu a Bahia e arrasou plantações inteiras. A produção foi drasticamente comprometida – na verdade, até hoje a região ainda se recupera dos estragos. Vendo a luta pela reconstrução, Patricia – que é formada em engenharia civil e era empresária em Salvador – resolveu voltar às origens para ajudar os pais. Foi assim que se deu conta de que a família tinha em mãos mais que amêndoas de cacau para serem exportadas, como sempre fizeram: também poderia produzir o próprio chocolate.

Foi com esse sonho que nasceu, em 2012, a Modaka Cacau Gourmet, marca orgânica de chocolate e derivados do cacau. "Somos uma empresa pequena e artesanal, mas temos na fazenda todo o processo produtivo, da plantação ao produto final", explica. O resultado é um alimento que carrega no sabor toda sua história e geografia. "Cada mordida é como um passeio pela mata", diz Patrícia. A próxima meta é conquistar para a região um selo de origem, que reconheça o valor único do cacau do sul da Bahia – assim como já acontece com os vinhos e queijos tradicionais de outros cantos do Brasil.

Enquanto isso, Patrícia segue sua produção. Da fazenda saem os nibs – amêndoas de cacau torradas, descascada e quebrada em pedacinhos, deliciosas para comer com frutas ou iogurte –, a amêndoa caramelizada no açúcar orgânico, invenção da família, e o chocolate com 70% de teor de cacau. "Forte sim, amargo nunca! Porque o nosso propósito é dar sabor à vida!"

QUEM É QUEM NO CHOCOLATE

NIBS DE CACAU: as amêndoas são descascadas e quebradas em pedacinhos. Supercrocantes, têm sabor intenso de chocolate e são levemente amargos

MANTEIGA DE CACAU: mais da metade do peso de uma amêndoa é manteiga, uma gordura com poucos traços de sabor de cacau, mas essencial na fabricação de chocolate

CACAU EM PÓ: depois de extraída a manteiga, a massa resultante é triturada até virar pó. Tem sabor, aroma e cor muito intensos. Já o chocolate em pó é a mistura do cacau com açúcar e lecitina, um aditivo para facilitar a diluição

CHOCOLATE AMARGO E MEIO AMARGO: contêm acima de 30% de cacau, mais a sua manteiga e pouco ou nenhum açúcar. Quanto maior o teor de cacau (de preferência, acima de 70%), mais intenso o sabor, e melhor para a saúde. Não levam leite

CHOCOLATE AO LEITE: com teor de cacau de pelo menos 25%, contém leite e bem mais açúcar

CHOCOLATE BRANCO: na verdade, não é chocolate, e sim manteiga de cacau com leite e açúcar

"CADA MORDIDA NESSE CHOCOLATE É COMO UM PASSEIO PELA MATA"

Eu ♥ chocolate | Patricia Lima, produtora de cacau

Eu ♥ pescar | Manoel Cordeiro, pescador

PENHA | SC

Dia de pescador

O dia de Manoel começa cedo, quando o sol ainda nem se levantou. Não importa se a manhã é fria, se tem chuva ou vento: do lado de fora ele tem um oceano inteiro à disposição. É dele que há mais de três décadas o pescador tira seu sustento e de sua família. O ofício ele aprendeu com o pai, ainda menino, aos 10 anos, a bordo de um bote, onde o ajudava a remendar rede e escolher camarão. "Meu pai era analfabeto, mas era quem mais pegava camarão. Não tinha estudo, mas tinha a experiência do mar", conta, orgulhoso. E o filho de pescador, pescador se tornou. Aos 16, Manoel conseguiu seu primeiro emprego na tripulação de um barco pesqueiro. Aprendeu desde cuidar do convés e içar a rede até a respeitar e ouvir o mar. "É preciso estar atento a todos os sentidos: o mar fala com a cor da água, com a força da correnteza, com os batimentos das ondas, com o estado da maré." Da pesca com arrasto de parelha, passou para a industrial, em que começou como tripulante.

Em 2000, já no posto de capitão, Manoel começou a planejar o sonho de uma vida inteira: construir a própria embarcação. A família ajudou: o pai vendeu o barco; o irmão trocou o carro por acessórios. Manoel, por sua vez, ensinou os irmãos a pescar para que trabalhassem juntos. Em dois anos, o *Cordeiro de Deus* estava pronto para ser lançado nas águas. Ele passa até 12 dias seguidos em alto-mar, com uma tripulação de dez homens. A rotina é pesada, mas tanta dedicação fez com que sua embarcação fosse uma das duas únicas autorizadas no Brasil a pescar o estranho peixe-sapo, pouco conhecido por aqui, mas sucesso na Europa e nos Estados Unidos, para onde exporta as 300 toneladas que pesca por ano. "Se não fosse a pesca eu não teria casa própria nem conseguido enviar minha filha para fazer intercâmbio no Canadá, por exemplo", conta. Não é uma vida fácil, confessa, mas bastam dois dias em terra e Manoel já está louco para voltar ao mar. "Sinto falta do balanço, da cor, do cheiro, do barulho das ondas à noite. É o que alimenta a minha alma."

CONSUMO SUSTENTÁVEL

Devido ao excesso de pesca, espécies famosas da gastronomia já estão próximas de desaparecer dos nossos mares. Para ajudar na preservação, o ideal é não consumi-las – e aproveitar para provar novos sabores, mais sustentáveis. Saiba quais peixes estão liberados e quais devem ser evitados para ajudar a preservação:

COMA TRANQUILO:
anchoíta, baiacu, bonito, camarões barba-ruça, branco e santana, carapeba, cavala, peixe-sapo, cavalinha, cocoroca, espada, lula, manjuba, olhete, palombeta, sardinhas boca-torta e laje, sororoca, xerelete

COMA COM MODERAÇÃO:
abrótea, anchova, atum, camarão-sete-barbas, corvina, lagostim, merluza, mexilhão, ostra, pescadas amarela e branca, polvo, robalo, sardinha, siri, tainha e trilha

EVITE: *atum, badejo, bagre, cação, camarão-rosa, caranha, cherne, garoupa, linguado, mero, namorado, pargo, raia, vermelho*

"O BALANÇO DO MAR É O QUE ALIMENTA A MINHA ALMA"

CAXIAS DO SUL | RS

Com a brasa e o espeto no chão

SEGREDOS DE UM ASSADOR

– Compre a carne ao dia anterior – quando assada fresca, ela fica rígida demais. Planeje-se para **AGUARDAR 24 HORAS** antes de levá-la ao fogo

– Madeiras como eucalipto e acácia são **AS MELHORES OPÇÕES PARA A LENHA**. À medida que ela queima, a brasa deve ser conduzida para baixo da carne

– Fuja do sal grosso, que só tempera a superfície da carne. **O SEGREDO É USAR SAL MICRONIZADO**, usado na indústria – você compra pela internet. Apenas 5 gramas (1 colher de chá) são suficientes para 1 quilo de carne. Tempere as peças de duas a três horas antes de assá-las

– Na hora de pôr a carne para assar, prefira os **ESPETOS DE AÇO INOX**, mais largos e compridos

"Uma escultura de latão que herdei do meu pai é minha maior inspiração para fazer churrasco. Nela, um fazendeiro gaúcho está assando um pedaço de carne no espeto, acompanhado apenas de seu cachorro, no meio dos pampas. Eu sempre me enxerguei naquele pedaço de metal, e talvez por isso tenha me tornado churrasqueiro também. A tradição familiar de fazer churrasco e a graduação em veterinária ensinaram-me o melhor dos dois mundos: hoje, posso dizer que sou a junção do homem do campo com o da ciência. Conheci muito bem as propriedades de cada carne e, assim, ganhei experiência para cozinhar de forma autêntica um prato que está nas minhas origens.

Fazer um churrasco no fogo de chão é quase um ritual. É preciso muita preparação e cuidado antes mesmo de pôr a carne no espeto. Mas o meu maior segredo é simples: não uso sal grosso – apenas sal micronizado, um sal extrafino usado na indústria. Ninguém acredita, mas apenas meio quilo desse sal é suficiente para temperar 100 quilos de carne! O resultado é um churrasco que não precisa nem de acompanhamento, nem de cerveja. É o sabor puro que se garante e não é ofuscado por nenhum tempero.

Percebi que estava fazendo algo certo quando passei a ser convidado para fazer churrasco para gente famosa. Sempre me lembro do caso de Luciano Pavarotti. Ele estava em um dos churrascos que preparei e se adiantou dizendo que não comeria carne. Mas, depois de ouvir tanto elogio, não só cedeu à tentação como, vejam só, levou para casa um pedaço da picanha, enrolada no papel-alumínio e tudo! Outra celebridade que conquistei pelo estômago foi o Julio Iglesias, para quem cozinhei duas vezes.

Além de organizar churrascos, eu viajo por toda a América do Sul com os Cavaleiros da Paz, um grupo criado para valorizar a união entre os povos do mundo por meio de expedições que duram dias ou até semanas. Durante as cavalgadas, sempre preparamos refeições – e churrascos, claro – para comer juntos e celebrar as amizades que fazemos no caminho. E foi vivendo essas experiências que eu entendi: aquele fazendeiro solitário da escultura me inspira, mas o churrasco autêntico, no fogo de chão, é para ser vivido em grupo. É onde se formam novas tradições, novos sabores e memórias para o resto da vida. Churrasco é a junção da comida boa com a boa companhia."

"O CHURRASCO É A JUNÇÃO DE BOA COMIDA COM BOA COMPANHIA"

Eu ❤ churrasco | Felix Corti, veterinário

SÃO PAULO | SP

Eu ❤ cozinhar para minha família | Umberta Cheli Kanasawa, aposentada

Comida de mãe

COM CHAVE DE OURO

Umberta dá sua receita de limoncello, licor digestivo tipicamente italiano

INGREDIENTES:
- 7 limões-sicilianos
- 1 l de vodca
- 1 l de água
- 600 g de açúcar

COMO FAZER:
Com uma faca, retire lascas bem finas da casca dos limões. Coloque-as na vodca e deixe descansar por uma semana, com a garrafa fechada. Ferva a água com o açúcar. Depois de levantar fervura, deixe esfriar. Coe a vodca e junte as duas infusões. Engarrafe em vidro escuro.

"O almoço é no domingo, mas a festa já começa no sábado. Vou à feira, separo as conservas, adianto os patês. Tem de estar tudo no jeito para o momento em que a família se junta em volta da mesa. Cozinhar, para mim, é um ato de amor. Por isso, faço questão de que todos comam aqui em casa. Adoro fazer ravióli. No recheio vai carne moída, mortadela e carne de porco. A massa eu faço um dia antes. Deixo na geladeira, com filme plástico e farinha, para não grudar. Esse ritual me faz lembrar da minha família. Lá na Itália, era meu avô quem cuidava das nossas refeições. Fazia uma salada de batata deliciosa, com alho, azeitona... Comprava carneiro e deixava marinar no vinho com alecrim. Lembro de vê-lo fazer o ravióli, cortar a massa com um copo de vidro, pôr o recheio um por um. A gente ajudava, amassando a beiradinha com o garfo.

Vim para o Brasil com a minha família com 11 anos. Foi aqui que me formei e me casei. Meu marido é filho de japoneses, mas não tem jeito: em casa, a cozinha italiana é mais forte. No domingo, eles chegam cedo. Enquanto me ajudam, minhas filhas me contam as novidades da semana. Mas o melhor é quando está todo mundo sentado à mesa e eu vejo a satisfação, a vontade de comer, os rostos felizes. Esse é o meu maior prazer!

Minhas filhas também sabem cozinhar. Preparei um caderninho de receitas especial para cada uma delas e o entreguei quando se casaram. A mais nova acabou levando esse gosto para o trabalho: hoje, vende comida congelada por encomenda. Está no sangue. Um dos meus netos, faz um tempo, viu doce de abóbora e quis aprender a fazer. O mais novo, de 4 anos, já está de olho no pezinho de tomate que tenho plantado em um vaso: os olhinhos dele até brilham! Nem se eu ganhasse na loteria ficaria tão feliz. A cozinha é o nosso reino!"

VILA VELHA | ES

Eu ♥ nossa horta | Jorge Covre, diretor escolar

Aprendendo a plantar

HORTA NA VARANDA

ALECRIM: *resistente, gosta de sol e só precisa ser regado a cada três dias*

HORTELÃ: *de raízes longas, precisa de espaço. Odeia vento e gosta de terra úmida*

MANJERICÃO: *precisa de pelo menos três horas de sol por dia e regas diárias*

ORÉGANO: *precisa de quatro horas de sol diárias*

SALSA: *gosta de sol em horários amenos e precisa da terra sempre úmida*

Não seria maravilhoso se, desde a infância, os currículos escolares incluíssem aulas de educação financeira, culinária e sustentabilidade? Na Unidade Municipal de Ensino Fundamental Deolindo Perim isso acontece desde 2005 – tudo por causa da horta mantida pela escola, com a ajuda de docentes e alunos. É dela que saem legumes e verduras que fazem parte da merenda dos estudantes. "Nossa horta transformou-se em uma ferramenta capaz de ampliar o olhar das crianças", explica Jorge Covre, diretor da escola. "Elas aprendem que é possível consumir alimentos sem agrotóxicos, entendem o ciclo de vida das plantas e se lembram de que legumes não nascem nas prateleiras do supermercado." Os estudantes são os responsáveis por afofar a terra, semeá-la e regá-la. A cada dia, observam a transformação das sementes. "A motivação deles cresce junto com as plantas."

À medida que a horta ganhou espaço no dia a dia da escola, Jorge tornou-se um agente de transformação dentro da sua comunidade: os alunos voltam para casa com corpo e mente nutridos. Quando a horta passa por ciclos de fartura, as crianças até levam legumes e mudas de vegetais para os pais. Dessa forma, acabam estimulando a família a se alimentar de forma mais saudável. "Quero mostrar que todo mundo pode ter a sua horta. Basta um punhado de terra, uma muda e pronto: você já pode começar a plantar a própria comida."

Cenoura, couve, alface e rabanete foram os primeiros vegetais a serem colhidos. "As crianças ficaram impressionadas com a cor e com o gosto do rabanete", lembra Jorge. Hoje, o espaço é dividido com cebolinha, salsa, coentro e taioba. E, para economizar, só se usa água da chuva para regar as plantas, outra aprendizagem valiosa. Para Jorge, testemunhar seus alunos literalmente colhendo – e comendo – o que plantam é a parte mais importante e gratificante de seu trabalho. "Em contato com a natureza, tanto pelo tato quanto pelo paladar, os estudantes descobrem uma nova maneira de enxergar o mundo."

Eu ♥ ingredientes do sertão | Timóteo Martins, chef sertanejo

CANINDÉ DE SÃO FRANCISCO | SE

As delícias da caatinga

A cozinha abriga memórias saborosas da infância de Timóteo. Era ali, ao pé do forno a lenha, que ele ouvia Luiz Gonzaga e observava a avó preparar suas delícias: pamonha, buchada, cocada, bolo de macaxeira...
A tradição e o gosto se juntaram à curiosidade, e Timóteo inventou sua primeira receita aos 7 anos, quando preparava cocada. "O coco havia acabado e não tinha dinheiro para comprar mais. Então, lembrei que o cacto tinha uma textura parecida e resolvi experimentar", conta. Assim nasceu o "cocactus", cocada feita de cacto, uma das receitas mais famosas do jovem sergipano.

Foi a primeira de muitas experiências. Timóteo também inventou a lasanha de quiabo, o doce de umbu e o brigadeiro de goiaba com doce de mandacaru. "O ingrediente em si não é o diferencial, mas sim a composição e a mistura de coisas desenvolvidas na receita." O maior desafio foi criar uma receita com a urtiga, planta conhecida pela coceira que dá na pele. O enigma foi solucionado ao ver a avó lavando louça. "Passou um filme pela minha cabeça quando eu vi como ela passava a esponja no prato. Pensei em tirar os pelos da urtiga com a parte macia da bucha", diz. O chef correu para o mato, testou a ideia e criou a "coctiga" – um brigadeiro feito da folha de urtiga.

Usando ingredientes vindos da caatinga, Timóteo quer mostrar a fartura de um lugar lembrado pela miséria. "Há uma visão de que a gente passa fome no sertão, mas todo ecossistema é capaz de sustentar a sua população. Basta saber como usar", afirma o chef. Quando participa de festivais em outras cidades, Timóteo leva só o cacto na mala. "Uso ingredientes do local para mostrar que as pessoas podem fazer algo saboroso com o que já têm", afirma. Além de mostrar novos sabores, ele tem o objetivo de transformar a comida em fonte de renda para populações sertanejas. Aos 19 anos, Timóteo é o dono e o chef do Gastrotinga, restaurante criado em sua cidade, no interior de Sergipe. O nome traduz a intenção de valorizar a cultura gastronômica da caatinga. "É para tirar a ideia de que dela não sai nada e mostrar os sertanejos como protagonistas. Eles estão sempre se reinventando. Quanto maior a necessidade, maior a criatividade."

COZINHA DA ABUNDÂNCIA

O cacto na alimentação não é o único exemplo na cozinha brasileira do bom uso dos recursos disponíveis. Pratos típicos como **SARAPATEL E BUCHADA,** *que aproveitam miúdos de porco e bode, receitas como* **CALDO DE MOCOTÓ E ARROZ DE SUÃ,** *que usam ossos de boi e porco, e doces como* **COMPOTA DE MAMÃO VERDE E DE CASCA DE MELANCIA** *são a prova de que tudo se aproveita quando a fome tempera as ideias. No dia a dia, vale usar* **OSSOS E CARCAÇAS** *de boi, frango e peixe para fazer caldos, que são uma base nutritiva e muito saborosa para molhos e sopas; triturar e refogar* **FOLHAS, TALOS E CASCAS** *de legumes e verduras que iriam para o lixo e usá-los para enriquecer arroz, feijão e massas de pão e bolinhos; e, no caso das* **FRUTAS,** *para fazer geleias, sucos e chás.*

"UMA RECEITA NÃO PRECISA SER SEMPRE IGUAL. ASSIM COMO A NOSSA VIDA, ELA PODE SER MUDADA"

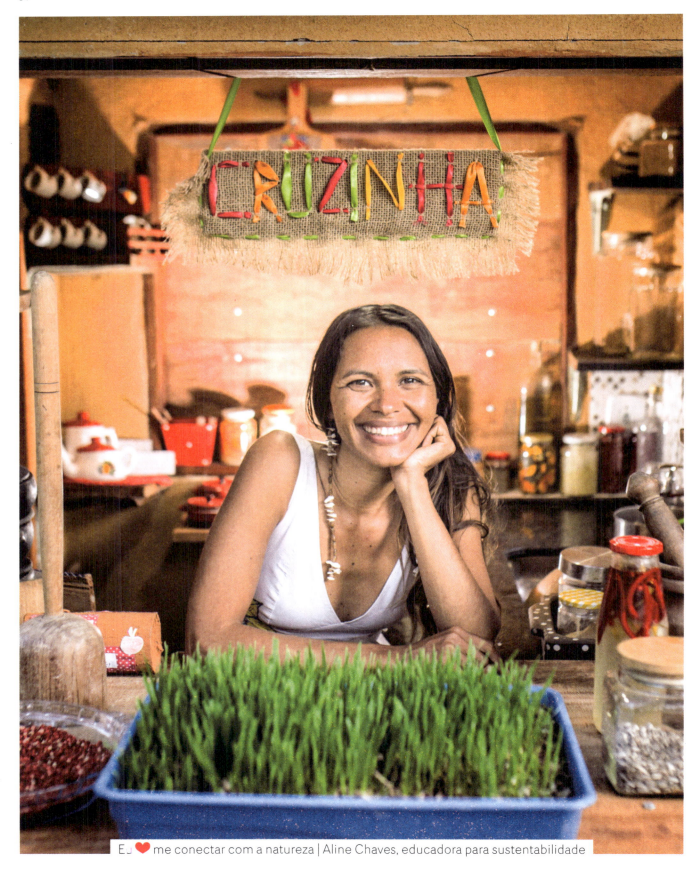

EU ❤ me conectar com a natureza | Aline Chaves, educadora para sustentabilidade

CASIMIRO DE ABREU | RJ

Tudo cru

Na boca de Aline não entra nada cozido nem processado. Na sua casa não tem fogão, micro-ondas nem geladeira. Adepta da culinária viva há nove anos, ela come apenas sementes e vegetais crus. "Assim, consigo preservar a energia vital dos alimentos e me conectar com a natureza", afirma.

Na sua "cruzinha" (mistura de "cru" e "cozinha"), ela gosta de inventar diferentes pratos. "Como não tenho geladeira, os alimentos me olham e vou tendo ideias." As melhores são publicadas no seu blog Panelas de Capim. Lá, tem receita de canelone de berinjela, escondidinho de repolho, quindim de manga – tudo cru, é claro.

Comida crua, porém, não significa comida fria. Aline aquece os vegetais em um pequeno fogareiro. A temperatura da panela de barro pode chegar a até 42 graus – suficiente para esquentar sem cozinhar. O controle é feito com a palma das mãos. "O corpo é o termômetro da vida", ensina. O calor solar também é utilizado no preparo das receitas. Para fazer um pão, por exemplo, Aline germina as sementes de trigo, faz a farinha e, depois, põe a massa para desidratar sob o sol, o "nosso forno cósmico coletivo", como diz. "Fica crocante."

Carioca, ela cresceu numa família que come de tudo. Aos 12 anos, Aline leu num livro que seu intestino tinha "florestas" e sentiu que precisava protegê-las. Cortou o chocolate e o refrigerante. Alguns anos depois, parou de comer carne. "Meu pai me chamava de E.T.", conta. "Hoje, ele me entende, porque acompanhou todo o processo."

Em 2007, já formada em direito, estudava 12 horas por dia para um concurso público. Para economizar tempo, comia apenas alimentos crus. Então, a convite de uma amiga, visitou o projeto Terrapia, da Fiocruz, que oferece oficinas de culinária viva. "Foi transformador", lembra. "Não fui aprovada no concurso, mas fiquei radiante."

Hoje, Aline vive com o marido, Luiz Nelson, dentro de uma reserva florestal em Casimiro de Abreu, a 133 quilômetros do Rio de Janeiro. Os dois se conheceram há seis anos, quando ela fez uma viagem à região. Trabalhando com ecoturismo, Aline e Luiz têm um estilo de vida simples. No quintal de casa, eles cultivam temperos, hortaliças, raízes e flores comestíveis. Duas vezes por semana, vão à feira buscar frutas. "Compramos só o que vamos comer", afirma Aline. "Vivemos o presente."

MACARRÃONADA (DE MACARRÃO NÃO TEM NADA)

Uma receitinha da Aline:

INGREDIENTES:
- *1 xícara de quinoa*
- *50 g de tomates secos*
- *2 tomates frescos*
- *1 dente de alho ralado*
- *1 limão*
- *sal a gosto*
- *1 abobrinha média*
- *1 punhado de manjericão*
- *Azeite a gosto*

COMO FAZER:
Coloque a quinoa para germinar, deixando-a submersa em água por duas horas. Para fazer o molho, reidrate os tomates secos numa vasilha com água por 30 minutos. Em seguida, bata-os no liquidificador junto com os tomates frescos, o alho, as raspas da casca do limão e o sal. Para fazer o "macarrão", rale a abobrinha em longos fios e amorne-a com as mãos. Acrescente o molho e a quinoa germinada. Tempere com suco do limão, manjericão e azeite. Rende 2 porções.

"COMO NÃO TEMOS GELADEIRA, OS ALIMENTOS ME OLHAM E EU VOU TENDO IDEIAS"

O QUE TEM PRA JANTAR?

50 IDEIAS
para comer melhor

Para viver uma experiência gastronômica por completo: com gosto e com prazer, sem culpas nem dramas. Deguste as nossas dicas!

1 Abandone sem apego os alimentos industrializados e **coma comida de verdade**

2 *Não faça dieta.* Coma o que você gosta, sem excessos. Moderação é a chave

3 *Priorize os orgânicos,* livres de venenos e remédios

4 *Prefira produtores locais:* a comida que vem de perto é sempre mais fresca

5 *Leia os rótulos.* E evite o que leva ingredientes com nomes impronunciáveis

6 *Busque saber de onde vem e quem faz a sua comida.* Essa relação dá mais sabor e valor ao prato

7 *Cozinhe mais.* Faz bem pra cabeça e pra saúde (e a comida é muito mais gostosa)

8 *Coma em boa companhia,* mesmo que seja a sua própria

9 *Varie o cardápio:* planejar com antecedência, pesquisar receitas e se inspirar na feira evita o tédio à mesa

10 *Estude:* ler livros de receitas e técnicas culinárias melhora suas habilidades e seu paladar

11 *Conheça a história* e as tradições envolvidas nos seus pratos favoritos: o contexto torna-os mais saborosos

12 *Reúna as pessoas queridas em torno da mesa.* Grandes refeições criam memórias inesquecíveis

13 *Combata o desperdício.* Jogar comida fora tem sabor amargo

14 *Livre-se dos preconceitos.* Se você não provar (pelo menos três vezes!) como vai saber se não gosta?

15 *Não pule refeições,* não coma com pressa nem com o celular na mão. Faça da hora de comer um momento sagrado

16 *Use o momento das compras para se inspirar:* passeie pela feira, papeie com o peixeiro, procure novidades sem pressa

17 *Prefira os alimentos da estação:* eles são mais gostosos e mais baratos

18 *Cozinhe com carinho:* como diria sua avó, o segredo é o amor

19 *Brinque com as especiarias, abuse das ervas, capriche no refogado:* **tempero é vida!**

20 Use sua louça boa, monte pratos bonitos, **coma com os olhos**

21 *Crie um clima:* ponha músicas, flores, velas – qualquer refeição pode ser especial!

22 *Experimente pratos,* restaurantes, ingredientes novos. Aventuras culinárias aumentam seu repertório

23 *Faça refeições em família:* comer juntos é um exercício de educação e um momento de afeto

24 *Leve as crianças para a cozinha:* elas valorizam mais a comida quando ajudam a prepará-la

25 *Alimente as tradições:* repita todos os anos as receitas especiais das festas de família

26 *Registre as memórias:* cultive um caderno de receitas e anote os segredos de quem cozinha

27 *Viaje comendo:* experimente os pratos típicos de cada destino

28 *Ignore terrorismos nutricionais:* com bom senso, tudo é permitido

29 *Aprenda a diferenciar fome, sede e gula.* E respeite os sinais do seu corpo

30 *Trate muito bem quem te serve* (inclusive sua mãe)

31 *Reduza o sal:* em excesso, ele diminui seu paladar

32 *Plante temperos em casa:* mexer na terra faz bem e, assim, nunca vai faltar

33 *Coma vegetais.* Faz bem para você e para o planeta

34 *Ouça as histórias de quem cozinha.* Conversas ao fogão são as melhores

35 *Colecione livros de receitas:* eles são lindos, deliciosos e inspiradores

36 *Troque ideias com amigos, família, vizinhos, garçons:* **há sempre um truque novo para aprender**

37 *Compre qualidade:* não se faz um bom prato sem bons ingredientes

38 *Equipe-se:* uma faca afiada e boas panelas sempre ajudam

39 *Beba bem:* aprender a harmonizar o brinde e o prato multiplica o sabor

40 *Fuja do óbvio:* sempre faz abobrinha refogada? Que tal testar grelhada? Vale pra tudo!

41 *Brinque com opostos:* doce com salgado, crocante com cremoso, frio com quente

42 *Faça você mesmo!* Aprenda a preparar as coisas que mais ama: pizza, pão, cerveja, geleia...

43 *Abra o apetite e as ideias* seguindo perfis de chefs e gulosos nas redes sociais

44 *Peça dicas:* cozinheiros e garçons têm ótimas indicações de lugares para comprar e comer

45 *Valorize o que é nosso:* há muito para se conhecer e provar no Brasil

46 *Simplifique!* Menos louça, mais tempo: poucos ingredientes de qualidade e poucas etapas bem-feitas bastam para despertar o sabor

47 *Faça seus próprios caldos* (de carne, frango, vegetais). É fácil, barato e revoluciona o sabor da sua comida

48 *Não desanime.* Se der errado, tudo bem. Na próxima vez vai ser melhor

49 *Não se leve tão a sério:* gourmetizar demais a vida cansa a beleza

50 *Valorize os pequenos momentos* de prazer à mesa: cada refeição é uma chance para sentir felicidade

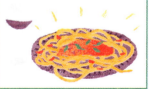

QUEM VOCÊ AJUDA

Sua leitura alimenta a mudança!

Parte da renda obtida com a venda deste livro será doada para duas instituições que usam a comida para transformar o mundo. Conheça os projetos que você apoia

DE ONDE SOBRA PARA ONDE FALTA

FORMANDO COZINHEIROS E CIDADÃOS

Um terço de toda comida produzida no Brasil vai para o lixo, enquanto 13 milhões de pessoas têm fome – inclusive nas grandes cidades, como São Paulo. Desde 1998, o Banco de Alimentos luta para zerar essa conta. E faz isso de duas formas. A primeira é recolhendo o que seria jogado fora em feiras, mercados e indústrias e encaminhando essa comida para 43 instituições sociais da Grande São Paulo, como asilos, creches, abrigos e hospitais. É o que a ONG chama de "colheita urbana". Não se trata de distribuir restos, mas sim alimentos que ainda nem foram para a panela, estão em perfeito estado e dentro da validade. A segunda é promovendo ações educativas voltadas para as próprias instituições assistidas. Por meio de workshops, palestras e oficinas, elas aprendem a aproveitar integralmente os ingredientes, da casca à semente. Com isso, o Banco de Alimentos ajuda a combater a fome e o desperdício e garante as refeições de 22 mil paulistanos carentes por dia. "O alimento é o nosso **primeiro remédio e deveria ser um direito de todos**", diz Luciana Quintão, fundadora da ONG.

Não basta a comida ser boa: ela também precisa fazer bem à sociedade. Com esse lema, a Gastromotiva quer transformar a vida das pessoas por meio da comida. Criada em 2006, a ONG oferece cursos profissionalizantes em cozinha para jovens com talento, vontade e renda familiar de até três salários mínimos. Entre panelas, eles desenvolvem técnicas e aprendem valores. Além da formação gastronômica, a Gastromotiva reúne uma rede de restaurantes interessados nessa mão de obra recém-formada. Assim, esses jovens são encaminhados para o trabalho nos melhores restaurantes de São Paulo e do Rio de Janeiro - depois de um ano de formados, a empregabilidade é de até 90%. Os programas de apoio a microempreendedores também ajudam os que querem abrir seu negócio. A ideia é formar cidadãos preparados para o mercado e contribuir também com as comunidades em que eles vivem. Com este livro, você vira parte da história. "**Todo o recurso arrecadado com a venda de exemplares será revertido na formação dos alunos**", garante David Hertz, fundador da ONG.

PARA SABER MAIS: **WWW.BANCODEALIMENTOS.ORG.BR**

PARA SABER MAIS: **WWW.GASTROMOTIVA.ORG**